知的生きかた文庫

仕事も人生もうまくいく
整える力

枡野俊明

三笠書房

はじめに

禅の教えは「整える力」をつける最良の養生訓

たとえば、朝、いつもバタバタしていませんか？

朝はやることが多くて、忙《せわ》しないのだったら、**いまより三〇分早く起きるようにする**といいでしょう。朝のバタバタが解消されるばかりか、心に余裕が生まれます。

そして、ぜひとも**一〇分程度の「朝坐禅」**の時間を取ってみてください。坐禅は姿勢と呼吸、そして心を整えることができるので、一日のスタートに行なうのにうってつけ。今日一日を元気に、穏やかに過ごすための英気を養うことができます。

たとえば、仕事中、デスクの上がグチャグチャになっていませんか？

そんなふうだとしょっちゅう探し物ばかりしていて、仕事のスピード、生産性は下がる一方です。〝探し物疲れ〟から心が乱れ、ストレスを抱え、体調を崩す危険性だってあるのです。

禅では「一掃除、二信心」といって、「最初にやるべきは掃除で、信心はそれがすんでからのこと」と教えます。それほどまでに掃除や片づけを重視しているのです。

私自身は、執筆や書類仕事などのときは一段落するたびに、すぐにデスクの上をいったん整理整頓します。**とにかく「溜め込まない」ことを徹底する。**そうすれば頭もリセットされて、仕事がはかどります。

たとえば、夜、夕食を食べすぎていませんか?

一日をがんばって終えた最後の食事ですから、好きなもの、おいしいものをいっぱい食べたい気持ちはわかります。ですが、健康のためには「ほどほど」でやめておくこと。「ちょっと物足りない」くらいでちょうどいいのです。

禅では、「ほどほど」の感覚を重視します。何事も偏ったり、極端に走ったりしないよう戒《いまし》めます。

とくに何かしら心身の不調を抱えている人は、食事でも、仕事でも、あるいはお金の使い方でも、スマホの使い方でも、「やりすぎ」の観点から自身の生活習慣を見直

してみるといいでしょう。

「ほどほど」の感覚をつかむことができれば、必ずや心身への負担が軽減できます。

禅の教えほど「整える力」をつけるのにふさわしいものはありません。私たち禅僧は、坐禅、読経《どきょう》、食事、掃除をはじめとする作務《さむ》など、日常の営みはすべて「整える力」をつけることにつながる修行だと心得て、実践しています。

現代社会は、私たちの心、体、暮らしを乱す要因であふれています。ですから、「整える力」をつけることが必要です。

本書が、みなさんの日常を整え、すこやかな人生を送るための助けになることを、心より願っています。

合掌

二〇二二年一〇月吉日　建功寺方丈にて

枡野俊明

目次

2章

「朝」を整える

――「最高の一日」がはじまる19の習慣

3章

「昼」を整える
――仕事も人生もはかどる22の習慣

4章

「夜」を整える
——深い休息と安らぎを得る14の習慣

5章

「休日」を整える

――人生の充実度が倍増する14の習慣

6章

「1年」を整える

――人生に幸運を呼び込む10の習慣

編集協力／千葉潤子
本文 DTP ／株式会社 Sun Fuerza

1章

「自分」を整える

——心と体をすっきりさせる19の習慣

1

まず「体」を整える

――体と心は、常に一つ

◎体と心の間に「好調の循環」をつくる

体の好不調と、心の快不快は、表裏一体のものです。

体調がよければ気分がいいし、体調が思わしくなければ心もどんよりとします。逆に、心配事や悩みがあって心が乱れていると、体調も思わしくなくなります。気分がすっきり晴れていると、体も元気になります。

日本に曹洞宗《そうとうしゅう》を伝えた道元禅師《どうげんぜんじ》はこのことを、「身心一如《しんじんいちにょ》」という言葉で表現しています。「体と心は一つですよ」と説いているのです。

ですから理屈のうえでは、正しい順番はありません。体と心のどちらを先に整えてもいい。要は、体と心の間に「好調の循環」をつくることが大切なのです。

ただし「心を整えなさい」といわれても、難しく感じるかもしれません。やり方がわからない、というのが正直なところでしょう。

一方、「体を整える」のは、誰でもできます。仏教でいう「身」には、身なりや立ち居振る舞い、所作など、体を使うことすべてが含まれます。その「身」に関わることを整えていくと、自ずと心も整っていくのです。

2

「三業」を整える

——人生が好転する「身・口・意」の法則

◉「所作」を整えれば「すべて」が整う

仏教に「三業《さんごう》を整える」という言葉があります。

「業」とは「行為」のこと。業には、身口意《しんくい》――「身業（行動・振る舞い）」「口業（言葉）」「意業（心）」の三つがあります。

立ち居振る舞いが美しく、身なりが整っていれば、自然と言葉づかいがていねいになり、さらに心が整うとされています。

これら「三業」を整えることが「善因」となって、「善果」に結びつく。それが仏教の考え方です。つまり「三業」が整えられているか否かが、「善因善果――よい因を結べばよい結果になる」のサイクルをつくるカギを握る、ということです。

もちろんこのサイクルは、心身の健康を含みます。「三業」を整えることで、いい〝健康サークル〟ができるのです。

禅では、「簡素」にして「自然」な所作が、美しいとされます。心を込めて、ていねいに所作を行なうことが、簡素で自然な美しい振る舞い。作為的に上品ぶったところで、そんな〝美のメッキ〟はすぐにはがれるのです。

3

「規則正しい人」になる

――なまける自分に箍をはめる

◎ただし、自分で自分をがんじがらめにするのはNG

心身を整えるためには、もう一つ、大事なことがあります。

それは、「規則正しい人」になることです。

何時に何をするか、「一日の時間割」のようなものを自分でつくり、それに沿って行動する「ルール」を決めるのです。

仏教流にいうと、「箍《たが》をはめる」――。

人間というのは「自由にしていいよ」といわれると、とめどなくなまけ者になっていくものです。ルールに縛られる窮屈さから解放されるのはいいのですが、一方で緊張がゆるみ、締まりのない状態になってしまうのです。すると、心身の調子も崩れます。そうならないように「毎日、規則正しく生活しましょう」というのが、禅のすすめる生活習慣です。

といっても箍を締めすぎると、行動の自由度を必要以上に制限することになりますから、問題です。「無理せずに毎日続けられるかどうか」という観点から、「規則」をつくるようにするといいでしょう。

4

やるべきことを淡々とやる

——すると、毎日が整ってくる

◉禅僧たちの「作務」に学ぶ

私たち禅僧は日々、「作務《さむ》」と呼ばれるお勤めをしています。坐禅、読経《どきょう》、掃除、食事、学習……生活のすべてが修行なのですが、そのなかでもとくに掃除や畑仕事などの「作務」を大事にします。その基本をつくったのは、八世紀後半から九世紀初頭を生きた、百丈慧海《ひやくじようえかい》禅師です。

仏教はインドで生まれた当初、僧侶が自ら食べ物をつくることを戒律で禁じていました。食事は人々からの布施《ふせ》で賄《まかな》われていたのです。ところが中国に伝わり、禅寺が人里離れた山の中に建てられるようになると、町に托鉢《たくはつ》に行くことが難しい。それで禅僧たちは、自分で田畑を耕し、食べ物を自給自足することにしたのです。

百丈禅師はそういった作業も正式に禅寺の規則と定め、禅僧が日常的に行なうべき重要な修行と位置づけました。

「一日作《な》さざれば一日食らわず（やるべきことをやらなければ、食べることはできないんだよ）」――百丈禅師のこの言葉は、「やるべきことは自分で決めて、時間どおりに淡々と行ない、規則正しく生活する」ことの大切さを伝えています。

5

いい「ルーティン」をつくる

――禅的「考える前に動く」習慣

◉ちょっとした〝苦行〟も三カ月で慣れてくる

「規則正しく生活する」とは「いいルーティンをつくる」ことにほかなりません。私たち禅僧はその「いいルーティン」を、入門して最初の修行で身につけます。

この修行が大変に厳しく、苦しいものです。なにしろ「食べられない・寝られない・足を伸ばせない」という過酷な生活。「さあ掃除、次は坐禅、次は読経、次は食事、次は学習……」といった具合に、休む暇なくテキパキと、しかもていねいにルーティンをこなしていかなくてはいけません。

その間、ことあるごとに警策《きょうさく》という坐禅のときに使うあの棒でバシバシ叩かれます。さらに覚えなければならないことがたくさんあります。身も心もギリギリの状態で、すぐにも逃げ出したくなるくらいでした。

それでも不思議なもので、そんな〝苦行〟にもだんだん慣れてきます。そうして三カ月もすると、次第にいいルーティンとして身につくのです。次の行動を考えるより先に、体が動いている感じになります。だから私は、確信を持っていえます。

「最初は苦しい行ないでも、がんばって一〇〇日続ければ必ず習慣になる」と。

6

その日の体調とよく相談する

——「昨日今日不同」という禅の教え

◎「同じことを繰り返す」から「微妙な変化」に気づく

禅僧の修行はいってみれば「毎日同じことの繰り返し」です。みなさんの生活もそうではありませんか？　それをつまらないと思いますか？　そうだとしたら認識不足です。なぜなら毎日決まったことを繰り返し行なっているからこそ、体調や気分のちょっとした変化に気づくことができるからです。

私の場合、たとえば朝、小さな香炉にお線香をあげるとき、パキッと半分に折るのですが、たまに長短が大きくずれることがあります。おそらく注意力が散漫なのでしょう。「今日は要注意だ」と、気を引き締めます。

またお茶をいただくとき、毎日同じように淹れているのに、味わいが感じられないことがあります。そんなときは疲れが溜まっていると思い、無理をしないように注意します。おいしく感じられれば、味覚も体調も冴えている証拠です。

「昨日今日不同（さくじつこんにちとおなじからず）」という教えがあるように、一日とて同じ日はありません。規則正しく暮らしているからこそ、微妙な違いまで感じ取ることができるのです。

7

「ほどほど」を心得る

――「やりすぎ」は、すべて身の毒

◎なんでも「ちょっと物足りない」くらいが健康的

仕事でも食事でも買い物でも、現代人は何かにつけて「やりすぎる」傾向があります。そのせいで心身が疲れ切っているように見受けます。

たとえば、働きすぎて、体調を崩したり、気持ちがうつになったりする。スマホに依存しすぎて、自分を見失う。

食べすぎ、飲みすぎがたたって生活習慣病をまねく。

など、みなさんにも思い当たることがあるのでは？　健康のためには本来、なんでも「ちょっと物足りない」と思うくらいでちょうどいいのです。

とくに何かしら体調不良を抱えている人は、「やりすぎ」の観点から自身の生活習慣を見直してみることをおすすめします。

そうして「少し偏っている」と感じたら、自分自身に「ほどほどに。ほどほどに」と声をかける。それを繰り返すうちに、だんだん「やりすぎ」を抑えられるようになるかと思います。結果、「ほどほど」の感覚をうまくつかむことができれば、必ずや心身の調子が改善し、整っていくでしょう。

8

「極端」に走らない

——何事も「中道」の精神でゆく

◎"二元論"的な考え方、生き方をやめる

仏教には「中道《ちゅうどう》の精神」というものがあります。「何事も極端に走らず、偏りなく、ちょうど真ん中くらいのところを意識する」ことの大切さを説いた言葉です。

では仏教は、どうして「中道の精神」を尊ぶのか。それは、仏教にはもともと「物事を二元的に考える」という発想がないからです。

たとえば白と黒があれば「どちらもあって当たり前」ととらえる。そうであるならば「白と黒、両方をふまえて、真ん中をいきましょう」というわけです。

ですから「AかBか」の選択に悩むことはありません。「AでもBでもどっちでもいい。先にご縁をいただいたことを優先して判断し、行動する」のが基本です。

一方、二元論で考えると、どうしても迷いが生じます。AとB、どちらを選んでも、選ばなかったほうに未練を残してしまうからです。「選択を間違えたな。あっちを選べばよかったかな」と、いつまでも心がとらわれ、モヤモヤするのです。心を整えるためには、二元論を視野の外に置いて「中道をゆく」のが一番。そうすれば、迷いや悩み、ストレスから解放されます。

9

機嫌をよくする

――されど「挨拶」で人生は変わる

◉今日一日を快適に暮らすための基本

たとえば朝、「おはようございます」と挨拶した相手から、無言の仏頂面が返ってきたらどうでしょう？　朝から気分が悪く、その日一日が台無しになることすらあります。

無愛想な挨拶はそのくらい相手の心に〝負の影〟を落とすものなのです。

人間関係においては、挨拶ひとつで気分がよくも悪くもなります。気持ちのいい挨拶をすれば、いい気分が循環します。逆に不機嫌な挨拶をすれば不機嫌の循環ができてしまうのです。「上機嫌の輪」をつくるには、気持ちのよい挨拶が欠かせません。

「語先後礼《ごせんごれい》」という言葉があります。文字どおり「言葉を先に、礼を後に」という意味です。挨拶をするときには、まず相手と正面から向き合い、目を合わせて「おはようございます」「こんにちは」などと言葉を発する。そのあとで頭を下げるのです。とても美しい所作の基本です。

最近は足も止めず、目も合わさず、頭を下げながら「おざっす！」などと挨拶する人が少なくないようですが、それはNG。気分の低下をまねく一因になります。

10

無理には無理が返ってくる

――「体にいいことをしよう」と思ったら

◎その習慣は一生続けられますか?

「体にいいことをしよう」――健康を気づかう人は、ときにその思いが強すぎて、自分の能力を超える課題を掲げることがあります。

たとえば、それまで走ったことのない人が、「よし、明日から一〇キロ走るぞ!」と勢い込んだり、ジムにはじめて入会した人が「毎日二時間、筋トレをするぞ!」と気負ったり、あるいは大のお米好きの人が「明日からダイエットだ。一粒も米は食べない」と勇んだり。

健康によかれとはじめた習慣も、こんなふうだとすぐに挫折することが目に見えています。続ける気持ちが強くても、体がついていかなくなるのです。

運動でも食事でも、何か体にいいことをしよう、いい健康習慣を身につけようと思うなら、無理は禁物。無理には無理が返ってきます。「新しい挑戦はスモールスタートで」と決め、余裕でクリアできる目標を立てるのがベストです。

そして「この習慣は一生続けられるか?」と自らに問いかけながら、少しずつ目標を上げていく。そういう方式なら、無理なく続けられるでしょう。

11

巷の健康情報に用心する

――〝健康法貧乏〟になってはいけない

◎ポイントは「自分に合っているかどうか」

いま、巷《ちまた》には、健康情報があふれ返っています。睡眠不足や肥満、便秘、老化、免疫力低下など、多くの人が抱える健康不安をテーマに、あらゆるメディアが競うようにしてさまざまな健康法を紹介しています。

そういった情報の良し悪しはさておき、受け取る側の私たちが注意しなければならないことがあります。それは、「一番お手軽で、一番効果が出そうなもの」という観点から選び、二、三日でもう「効果がない」とやめてしまうこと。ダメなら次、ダメなら次、というふうな繰り返しにはまり、〝健康法貧乏〟になるだけです。

「続ける」か、「やめる」かを判断をするポイントは、「自分に合っているかどうか」で評価し、「合わなければすぐにやめる」でよいでしょう。

次に大事なのは、合うものであるなら、とりあえず三カ月ほど続けてみることです。先ほど「一〇〇日のガマン」のお話をしましたが、それと同じで、どんな健康法も効果を判定するにはそのくらいの時間がかかるのです。そもそも「手軽で即効性のある健康法」などないのです。

12

坐禅を生活に取り入れる

——心身を整える最良の習慣

◎「マインドフルネス瞑想」は禅から生まれた

近年、医療の分野に「マインドフルネス瞑想」――心を「いま」に向けた状態に到達するための瞑想が積極的に取り入れられています。

この「マインドフルネス瞑想は多くの場合、座って行なうせいか、よく「坐禅とどう違うのですか?」という質問を受けます。じつは起源は同じ。一九七〇年代に米マサチューセッツ大学大学院のジョン・カバット・ジンという精神医学の先生が、ずっと禅の修行をしていて、「坐禅をすると、何か気持ちがいいし、体調もよくなる」と発見したのがはじまりです。

つまり坐禅を医学に応用したのがマインドフルネス瞑想なのです。ですから「禅とマインドフルネス瞑想は同じ」といっても間違いではありませんが、「似て非なるもの」ともいえます。坐禅は無心でひたすら座り続けて、結果として心身が整うもの。一方、マインドフルネス瞑想はまず「心身を整える」という目標ありきで、それを達成するために思考を「いま」に集中させることなのです。

どちらも心身を整える効果があるので、ぜひ日常に取り入れてみてください。

13

調身・調息・調心

――姿勢・呼吸・心を整える

◎常に何かに追われているあなたへ

朝から一日中、バタバタしていませんか？　些細なことで、しょっちゅう心をざわつかせていませんか？

そんなふうに常に何かに追われて一日を過ごしていると、当然、心身に不調をきたします。どうしてそうなるのか。心にゆとりがないからです。

解決法は簡単。できれば朝晩二回、坐禅をすることです。

禅では「調身《ちょうしん》・調息《ちょうそく》・調心《ちょうしん》」といって、坐禅によって姿勢と呼吸と心を整えることを重視しています。調身とは、姿勢を整えること。横から見て背骨がＳ字を描き、尾てい骨と頭のてっぺんが一直線になるのがいい姿勢です。また調息とは、丹田《たんでん》呼吸を整えること。一分間に三、四回程度のペースがよいでしょう。そうして調身、調息がうまくいけば、心も自然と整い、調心の状態が得られます。

坐禅は本来、お線香一本が燃え尽きるまで、四〇分くらいやるものですが、忙しいみなさんは一〇分でもけっこう。毎朝晩続けるうちに、朝は心身の緊張がほぐれて自然と〝活動モード〟に入れますし、夜は悩みや不安が消えてぐっすり眠れます。

14

「一掃除、二信心」

――「少しずつ、でも毎日掃除をする」効果

◎禅がこれほどまで掃除を重視するわけ

禅では「一掃除、二信心」といわれます。これは、「最初にやるべきは掃除で、信心はそれがすんでからのこと」という教えです。

ふつうに考えると、信心が先のようですが、禅では「部屋や庭を掃除すると、心もきれいになる。そういうきれいな心であればこその信心である」と考えるのです。

毎日、きちんと掃除をしていれば、小さなゴミが落ちていたり、うっすらホコリをかぶっていたり、散らかっていたりすると、とても気になるものです。逆に掃除をしていないと、気がつかないうちに部屋がどんどん乱れてしまいます。

毎日掃除をすることで、心が整います。わずかの乱れも気になり、常に整った状態を保つよう心がけます。このように掃除と心の状態は密接な関係にあるのです。それが健康にも影響をおよぼすことはいうまでもありません。

とはいえ、毎日隅々まで掃除をするのは大変でしょう。たとえば月曜は玄関、火曜は台所まわり、水曜は寝室……といった具合に、重点箇所を決めて少しずつ、でも毎日取り組むのがよいかと思います。

15

一日一日を「生き切る」

——寿命の長短より、それが大事

◎一つひとつ、無駄なく、ていねいに

「滴水滴凍《てきすいてきとう》」というのは、禅の極意を示す言葉の一つです。

寒い冬の朝、つららからポトリと落ちた水の滴《しずく》が、一瞬後には凍りついていく様にたとえて、人間も日々の行ないの一つひとつを、少しも無駄にせず、大切に、ていねいに暮らさなければいけない、と説いているのです。

私たち禅僧は、掃除をするときはほうき一本に、雑巾がけをするときは雑巾一枚になり切るかのように、誠心誠意、その場を清めることに努めます。

同じように仕事の場面では、たとえば書類づくりをするときはパソコンのキーボードに、商談では商材に、プレゼンでは企画書になり切る、というふうに心がけるといいでしょう。

そうすることで、自然と「一瞬たりとて無駄にしないぞ」と覚悟が定まります。「ていねいに暮らす」と、生活が整い、時間密度が上がります。一生でやれることも増えます。それが寿命の長短にかかわらず、「自分に与えられた人生を充実して生き切る」ことにもつながるのではないでしょうか。

16

黙々と歩いてみる

——一つのことに没頭するほど心が整っていく

◎「憂いのない心」の養い方

目の前のやるべきことに集中して取り組むと、心から雑念が減っていきます。悩みや心配事があっても、逆に有頂天になるようなことがあっても、すっと消えていくのです。

心の健康にとって、これほどいいことはありません。なぜなら雑念というのはすべからく、心身にストレスを与えるものだからです。

「いまやるべきこと」は仕事や日常的な作業に限らず、なんだってかまいません。何もやる気が起きないようなときには「ただ歩く」「ただ走る」「ただ紙を切る」など、一つの作業に没頭するだけでいいのです。

心のコントロールの上手な人のなかには、「イヤなことがあると、何も手につかなくなるが、ひたすら歩くことはできる。歩くうちに不思議と、心がすっきりする」という方もおられます。まさに「集中により雑念を払っていき、ストレスフリーの状態をつくり出す」ための妙法といえそうです。

その種の「いまやるべきこと」を持つのも、いい健康法になるかと思います。

17

いつ、どこでも「和顔愛語」

――常に柔らかな笑顔と、慈しみのある言葉で

◎人間関係をよくする最良の処方箋

いつも柔らかな笑顔を浮かべている人は、見るからに上機嫌だし、健康そうです。逆に、いつも眉間にシワを寄せている人は、不機嫌そうで、不健康……とまではいいませんが、なんとなく「具合が悪いのかな」という印象を受けます。

やはり笑顔が一番。禅にも「和顔愛語《わげんあいご》」という教えがあります。「和顔」は柔らかな笑顔、「愛語」は慈しみのある言葉を意味します。

つまり、「いつも柔らかな笑顔を浮かべている人は、その笑顔で人を引き寄せる。相手の気持ちを思いやって発する言葉は、人の心をほぐす」というのです。

この「和顔愛語」の教えを心がければ、自分の上機嫌がまわりの人にも伝わります。すこやかな人間関係をつくることができるのです。

もっといえば、人間関係由来のトラブルが減り、心を痛める人も減るでしょう。自分を守るための知恵でもあるのです。

また「和顔愛語」は心の不調を予防するサプリメントにもなりうるもの。とくに表情が暗くなりがちな人は、自分に「和顔愛語」を〝処方〟してあげてください。

18

よく笑い、よく生きる

――心と体にいいことずくめの「笑う力」

◎免疫力が上がる、自律神経が整う、脳が活性化する

「いつも笑顔を心がけましょう」というと、「嬉しくもないのに、面白いこともないのに、バカみたいに笑っていられないよ」と反発する方がおられます。

笑うことの健康効果は、すでに医学的にも証明されています。たとえば、「免疫力を上げる」とか「自律神経のバランスを整える」「脳の働きを活性化する」といった効果があり、いいことずくめです。ですから、健康のためにも「笑う」ことが大切。「笑い」は副作用のない最高の薬なのです。

うまく笑えない人は、練習しましょう。私は以前、ある方に「口角を後ろ側に引くといいですよ」と教わりました。そうすると、自然な笑顔になるそうです。彼は「写真の〝撮られ上手〟になる」ことを目指して、鏡を見ながら練習した、ともいっていました。スマホで「自撮り」をしてチェックしてもいいでしょう。ほかにも、人と接したり、人前で話をしたりする前に、ガムを噛むのが有効と聞きました。口元の緊張がほぐれて、表情が豊かになるそうです。

よく笑い、よく生きるために、ぜひ、お試しあれ。

19

部屋を〝浄化〟する

――「換気」が第一

◎部屋の空気、よどんでいませんか？

私たち人間は、体内に空気を取り込むことによって生きることができます。その空気が汚れていたら、当然、体調に悪い影響を与えます。

今般、新型コロナウイルス対策のために、「三〇分に一回以上、数分程度、窓を開けて換気をしましょう」などと盛んにアナウンスされました。それも密閉された空間だと、空気がウイルスに汚染されてしまうからでしょう。

コロナ対策に限らず、健康を考えるなら、日常的に意識して部屋・空間の換気をしたほうがよいことはいうまでもありません。大事なのは「風の通り道」をつくること。二方向の窓を開けるとか、一方向しかなければドアを開ける、あるいは換気扇を利用するなど、それぞれの空間に応じた工夫をしましょう。

部屋を閉め切りにし、冷暖房で快適な室温を保つことも重要ですが、健康の視点に立つなら、換気が第一。室内のよどんだ空気を、自然の風で浄化する感覚で行ないましょう。

自らの身にも心にも清風が吹き抜けるようで、爽快な気分になります。

2章

「朝」を整える

――「最高の一日」がはじまる19の習慣

20

「人生は朝で決まる」

——この「ゴールデンタイム」をどう過ごすか

◎まず「前夜の過ごし方」を見直すことから

「寝起きが悪い」人は、意外と多いようです。

前日に夜ふかしをするせいなのか、不眠症気味なのか、はたまた気の重くなることがあって起きるのがイヤなのか。いずれにせよ、一日のはじまりとしては最悪といわざるをえません。

私たちの活動時間は、一日に一六、七時間くらいなもの。スタートからつまずくことによって生じる無駄を挽回できるほど長くはありません。

それにスタートにつまずいた焦りから、次々と余計なトラブルを生じさせてしまうこともままあるでしょう。

いい一日になるかどうかは、「朝」で決まる。人生は「朝」で決まる。

そういっても過言ではありません。寝起きがよくなるよう、前日の夜の過ごし方を見直しましょう。またどんなにイヤなことが待ちかまえている日でも、それに立ち向かう元気が出るよう、これから述べる「朝の整え方」を参考に、朝の過ごし方を工夫しましょう。

21

三〇分、早く起きる

——「朝のゆとり」が人生を好転させる

◎朝のバタバタはトラブルを呼ぶ

学生さんも、勤めに出る人も、たいていの人が口をそろえて「朝は忙しい」といいます。たしかに、やることはたくさんあるでしょう。お子さんのいる方なら、お弁当をつくったり、身支度を手伝ったり、なおさら忙しい。

しかしその忙しさは、シンプルに、ちょっと早起きすれば解決するのではないでしょうか。出かける時刻から逆算して、ギリギリまで寝ているから、忙《せわ》しなくなってしまう部分がありそうです。「一分を惜しんで寝たい」からかもしれません。

その考えの逆をいきませんか?「一分を惜しんで起きよう」と考えるのです。実際、「余裕を持って行動するためにはぐずぐず寝ている場合ではない」のですから。

朝がバタバタになると、部屋や台所をぐちゃぐちゃにしたまま出かけたり、忘れ物をしたり、転んでケガをしたりなど、何かしらトラブルが起きるものです。

いまより三〇分早く起きましょう。朝のバタバタが解消されるばかりか、心にも行動にも余裕が生まれます。静かな気持ちで朝を迎え、ゆとりを持って行動する。それができてはじめて、アクティブな一日のスタートが切れるのです。

22

パッと起き上がる

――そして、サッと窓を開ける

◎〝寝床への未練〟を断ち切る方法

私はもう何十年来、目覚まし時計のお世話になっていません。毎朝、決まって四時半前後に目が覚めるからです。

〝寝床への未練〟は一切なし。一度、仰向けのまま、グイーッと大きく伸びをして、「よし!」と気合いを入れて、パッと起き上がります。

そのあと、お寺の門や戸をすべて開けて回ります。そうして朝のさわやかな空気を入れることで、夜の間にこもった空気のよどみを一掃するのです。

みなさんもすべての部屋の窓を開放するのは手間かもしれませんが、せめて寝室とリビングの窓くらいは、出かけるまでの数十分、開け放して空気を入れ替えることをおすすめします。

このわずか一分にも満たない行動で、いっぺんに目が覚めますし、これから一日に向かう心身の準備が整います。

「パッと起き上がり、サッと窓を開ける」ことが習慣化すれば、目覚まし時計いらず。いい朝を迎えることができ、最高のスタートを切ることができます。

23

体いっぱいに朝陽を浴びる

――そして「朝の気」を深く吸い込む

◉さらに〝四方拝〟をすれば準備万端

窓を開けたタイミングで、朝陽のほうを向いて、深々と一礼。同時に、深呼吸を二、三回するといいでしょう。曇っていても大丈夫。厚い雲の向こうには、いつだって太陽が光を放っています。

起床後すぐに朝陽を浴びることは、健康にいいとされています。理由はおもに三つ。第一は、脳に光が届くと、メラトニンという眠りに誘うホルモンの分泌が抑制されて、体がスムーズに活動モードに切り替わること。第二に、幸せホルモンとして知られる脳内物質のセロトニンの分泌量が増えること。そして第三に、免疫力を増強するビタミンDが生成されることです。

体いっぱいに朝陽を浴びながら深呼吸をし、朝の空気を胸深くまで吸い込みましょう。さらに東から南、西、北と四方を拝むことをおすすめします。

これはその昔、朝廷が正月に行なっていた「四方拝《しほうはい》」と呼ばれる儀式のようなもの。天皇がその年の災厄を払い、皇位の長久を祈ったように、その日一日の無事を祈って拝むといいでしょう。

24

「目覚めたこと」に感謝する

——〝幸せ体質〟の磨き方

◎「幸福感」は健康増進のビタミン剤

たとえば病床にあるなど、自らの命に限りのあることを強く意識している方は、よくこんなことをおっしゃいます。

「朝、目覚めると、『ああ、今日という新たな一日を、生きて迎えることができた。ありがたいな。幸せだな』と、幸福感に満たされる」と。

健康だとそういう感覚はなかなか持てないものです。「毎朝、目が覚めるのは当たり前」と思ってしまうからでしょう。

しかし「命に限りのある」ことは、万人に共通の現実です。誰もが「生きて新しい一日を迎えられる」とは限らないのです。

朝起きたときに抱くこの「幸福感」は、持ったほうがいい。窓を開けて、昨日とは違う今日の景色に目をやり、朝陽を拝みながら、あるいは深呼吸をしながら、「ありがたいな」と感謝し、しみじみと幸福感に浸りましょう。

なんといっても、幸福感は健康に資するビタミン剤。ほんの短い時間でも、「幸せだなあ」と思うと、それだけで心が整い、〝幸せ体質〟が磨かれます。

25

ササッと「朝掃除」をする

――そうすれば、気分は上々に

◎「昨日の疲れ」が残っている朝こそおすすめ

イヤなことが続いていたり、前の日の疲れが取れなかったりすると、朝から気分がどんよりします。このマイナス気分を立て直すのは、けっこう時間がかかります。

そんな気分は朝、早いうちにリセットしたほうがいい。そのために一番有効なのが、「朝掃除」なのです。

掃除をして、気分がすっきりしない人はいません。みなさん、「部屋がきれいになるのと同時に、心も掃き清められる思い」だとおっしゃいます。

ただ「掃除をしましょう」というと、なんだか億劫《おっくう》に感じられる方が多いようです。それでゴミを溜めて、気分まで悪くなっている人のなんと多いことか。少し大げさに考えているのかもしれません。「ササッ」と簡単にやればいいのです。

たとえば「リビングの床をササッと掃く、またはササッと掃除機をかける」「テーブルやソファなどに散らかっている物をササッと片づける」「ベッドやおふとんをサッと整える」など、五～一〇分程度でできる掃除で十分。それだけで気分がリセットされ、うまくいけば一日中、その心地よさを維持できるでしょう。

26

一〇分「朝坐禅」をする

——今日一日分の心の栄養をチャージ

◎ぜひ「正しい姿勢」を習いましょう

私が「いままでより三〇分早起きを」とご提案する一番の理由は、ぜひとも一〇分程度の朝坐禅の時間を取っていただきたいことにあります。

前にも触れたように、坐禅とは「調身《ちょうしん》・調息《ちょうそく》・調心《ちょうしん》」そのもの。姿勢と呼吸と心を整えることができるので、一日のスタートに行なうのにうってつけなのです。いうなれば、元気をチャージしてくれる栄養剤のように、「心身の英気を養う」効果があります。

ただし坐禅は、自己流ではいけません。「本や映像の教材などを参考にすれば簡単にできる」と思われるかもしれませんが、これがなかなか難しい。自分ではまっすぐ座っているつもりでも、左右どちらかに傾いていたり、前屈みや反り腰になっていたり、あるいは首が曲がっていたりする場合がほとんどです。

一度、お寺の坐禅会などに参加して、「これがあなたのまっすぐですよ」という姿勢を教えてもらいましょう。それをつかみ、体で覚え込んだら、あとは自由に好きなだけやってOKです。朝以外にも気持ちを落ち着け、整えたいときなどにどうぞ。

27

お経をあげてみる

――「腹式呼吸」が健康効果を生む

◎たとえば「般若心経」をとなえてみる

僧侶は宗派にかかわらず、さまざまなお経をあげます。お経とは、ひとことでいえば、お釈迦さまが説いたたくさんの教えを、弟子たちがまとめたものです。

世の中の真理や、私たちが心安らかに生きていくための知恵など、ありがたい文言が並んでいます。

そのお経をあげることが、近年は健康法としても注目を集めているそうです。とりわけ腹式呼吸で読経《どきょう》すると、体の免疫力が上がり、心はリラックスし、脳の働きが活性化するともいわれているのです。体も心も整えてくれます。

私も毎朝どころか、ときには一日中、お経をあげていますので、身をもってお経の心身に与えるいい効果を実感しています。

みなさんも朝の坐禅に、加えて読経を取り入れてはいかがでしょうか。坐禅に引き続いて読経、このほうがむしろ取り組みやすいかもしれません。

おすすめは「般若心経」です。短いので、さほど負担にはならないかと思います。それにもかかわらず、その効果は大きいので、ぜひ実践してみてください。

28

自分に「活！」を入れる

——「今日もがんばるぞ！」「いい一日にするぞ！」

◎朝から元気な人の「声を出す」習慣

「読経はハードルが高い」という人も、何かしら「声を出す」ことはやったほうがいいかと思います。

とくに寝起きは、口の中が乾くこともあって、声がかすれがち。そのまま無言でいると、会社に着いてからも、なかなか調子が出ないでしょう。けれどもお腹の底から、声を出してごらんなさい。元気がモリモリわいてきます。

たった、ひとことでもいい。たとえば「今日も一日、がんばるぞ！」とか「何もかもうまくいくぞ！」「いい一日にするぞ！」などと大声で叫ぶだけで、自分に気合いを入れることができます。声に出すと、その言葉が自分の耳に入り、脳に伝達されるので、気持ちが整い、自然と心が奮い立つでしょう。

少々古い話になりますが、その昔、経団連の会長を務められた土光敏夫《どこうとしお》さんは、毎朝、「エイッ！ エイッ！」と大きな声を出しながら、剣道の素振りをされたそうです。そのあとで「般若心経」をとなえられた、とも聞きます。この朝の習慣が、土光さんの仕事、人生にいい影響を与えたのではないでしょうか。

29

一杯の白湯を飲む

――「内臓を冷やしてはいけない」

◎朝の「水分補給」のポイント

私は昔から、寝ている間にかなりの汗をかきます。ですから身をもって、「朝の水分補給は絶対に必要」だと感じています。

そのうえで気をつけているのは、「どんなに暑い夏の朝でも、冷たいものは飲まない」ということです。

のどが渇いていると、冷たさが心地よく、つい冷たいものをゴクゴクと飲みすぎてしまいますが、それでは全身が冷えてしまいます。

漢方でよく「内臓を冷やしてはいけない」といわれますが、体が冷えると、代謝が低下して免疫力が落ちたり、体がだるくなったりするなど、不調をまねくことが多いのです。

起きてすぐの水分補給は、常温の水か白湯《さゆ》がいい。冷たい水よりもむしろ、生温かい水のほうが体の目覚めもいいように思います。加えて〝がぶ飲み〟しない分、ゆっくりと内臓に染み渡るし、飲んだ瞬間から汗が噴き出ることもありません。

朝の一杯の白湯は、体調を整え、健康を守ってくれる〝魔法の水〟なのです。

30

全身を伸ばす、血流をよくする

——こわばった体に柔軟さを取り戻そう

◎よりスピーディーに活動モードに入るために

寝ている間に、体はカチンコチンになっています。それは誰もが実感していることでしょう。

その硬さは、活動するにつれて、いつの間にかほぐれていくものですが、朝、深呼吸ついでにちょっと体を動かしてみてはいかがでしょうか。

たとえば昔から馴染みの深い「ラジオ体操」とか、ＮＨＫで毎朝放送している「みんなの体操」、あるいは自身でつくった運動プログラムなど、五分程度の体操で十分です。

そのくらいの運動時間なら、「いまより三〇分早く起きる」ことで確保できるのではないでしょうか。

ぜひ坐禅とともに、朝の日課に組み入れてください。

寝ている間にカチコチにこわばった全身をグイッと伸ばして柔軟さを取り戻し、血流もよくすれば、よりスピーディーに活動モードに入れるかと思います。

いいスタートが切れて、その日の充実度を高めてくれるでしょう。

31

朝食前に〝ひと仕事〟する

——朝食がもっとおいしくなる秘訣

◎「朝のお勤め」で食欲を刺激

「起きてすぐは食べられない」という声をよく聞きます。

たしかに、起きた瞬間に「お腹が空いた」とはなりにくい。胃もまだ動きはじめていないので、食欲がわかないかもしれません。朝食抜きの人が多い背景には、そんなこともあるのでしょう。

私が「いまより三〇分早く起きる」ことを提唱する理由の一つは、まさにそこにあります。三〇分の間に、家の窓を開けて回ったり、坐禅をしたり、お経をあげたり、掃除をしたりすれば、それだけ体を動かしますから、お腹も空きます。胃腸も動き出します。起き抜けには無理でも、ひと仕事したあとなら食欲もわくというものです。

私自身は四時半ごろに起きて、六時半くらいに朝食をとります。つまり朝のお勤めは、二時間。その間、境内をけっこう動き回るので、かなりお腹が空きます。「食べないではいられない」くらいです。

みなさんの場合は「いまより三〇分の早起き」で体を動かすので十分。ひと仕事したあとは、朝食がいっそうおいしくいただけると思います。

32

朝食は「軽めに、ちゃんと」

――栄養のバランスをよく考えて

◎朝からドカ食いなんて、もってのほか

〝ひと仕事〟したあとの朝食がおいしいからといって、食べすぎてはダメです。食べる量が多ければ、それだけ消化するのに時間とエネルギーを要します。

それでは日中の活動に振り向けるためのエネルギーが削がれてしまわないとも限りません。朝からドカ食いなんてもってのほかです。

朝食は本来、「一日を元気に活動するエネルギーを補給する」ためのもの。活力を減退させるほど食べるのは本末転倒なのです。

ですから朝食は「軽く」するのがベスト。ご飯、パン、シリアルなどの炭水化物と、牛乳やヨーグルト、卵などのたんぱく質、ビタミン・ミネラルの豊富な野菜・果物などをバランスよく食べるのが理想でしょう。

朝食には脳や身体機能を整え、ウォーミングアップさせる効果があるそうです。食べないと、活動のエンジンが昼ごろまでかからない、といわれています。

しかし「たくさん」の量よりも、「軽め」に「ちゃんと」食べることが大切なポイントなのです。

33

よく噛み、ゆっくり食べる

――すると、脳が目覚める

◎噛めば噛むほど、少ない量でも満足できる

修行僧の食事は、「粗食中の粗食」ともいえるものです。

とりわけ「小食」と呼ばれる朝食は、水っぽいお粥と、ごま塩、透けるほど薄く切ったお漬物くらいのものです。

あまりにも量が少ないことも手伝って、修行僧たちは食べ終わるのを惜しむように、よく噛むようになります。

その「よく噛む」ということが、健康にはとてもいいようです。朝の効用でいえば、噛むごとに脳が刺激され、いい感じで脳が活動モードに入ること。だんだん頭がクリアになっていく感覚が得られます。

また噛む回数が増えるにつれ、徐々に空腹感が消えていき、満腹感が広がっていくようです。あまり噛まないと、脳が刺激されないうえに、食べるスピードが速すぎて、脳が満腹を認識するのが遅れるそうです。

食べ終わったあとで、「ああ、食べすぎた」「苦しい」と後悔することが多い人はとくに、よく噛み、ゆっくり食べることを心がけましょう。

34

〝生かされている〟ことに感謝する

――食事前の大事な心がまえ

◉これで、ぞんざいな食べ方はできなくなる

禅では古来より、食事をするときの心がまえとして、食べる前に「五観《ごかん》の偈《げ》」というお経をとなえます。

これは、日本における曹洞宗《そうとうしゅう》の開祖・道元禅師《どうげんぜんじ》の著作『赴粥飯法《ふしゅくはんぽう》』に引用されて、広く知られるようになりました。

その眼目は、「食べるとはすなわち、自然の恵みたる命をいただくことである。そうして自分が生かされていることに感謝して、いただきましょう」ということにあります。

みなさんも食事をする前、ほんの数十秒でいいので、目を閉じて、心の中で、「いまからこの大切な命をいただきます」「この食事を通して、自分自身の体に栄養をいただきます」といったことをつぶやいてはいかがでしょうか。

感謝の心があればこそ、ぞんざいな食べ方はできなくなるもの。自然と、命を愛おしみながら、ゆっくり、ていねいに食べるようになるでしょう。それがひいては健康に資することはいうまでもありません。

35

「朝からスマホ」をやめる

——一日を台無しにする悪習慣

◎せめて駅までガマン

片時もスマホを手放せない人が増えているようです。それがクセなのか、習慣なのか、朝起きるとすぐに枕元のスマホを手に取り、何かしらの操作をはじめる、そんな具合です。

「朝は忙しない」とバタバタしているのに、スマホをいじる時間はあるのかと、なんとも不思議な感じがします。

ニュースを見ているのか、メールやLINEをチェックし、返信しているのか、ゲームをしているのか……いずれにせよ、起き抜けからやらなくてもよいではありませんか。緊急の連絡などめったにないはずです。

そもそも心静かに一日をスタートさせるうえで、スマホほど邪魔になるものはありません。へたしたら、目を酷使したり、情報洪水にさらされたりすることで、朝から疲れ切ってしまいます。さわやかな朝が台無しです。

せめて通勤電車に乗るまで、スマホをガマンしませんか？　それは自分の心身を整え、健康を守ることでもあるのです。

36

「喫茶喫飯」を心得る

――「一つのことに集中しなさい」という教え

◉たとえば、「ながらスマホ」の大きなリスク

朝食に限らず食事全般でいえることですが、「食べながら、スマホをいじっている」人のなんと多いことか。「スマホをいじりながら、食べている」感すらあります。

そんなふうにして食事からスマホに意識が奪われると、最悪の場合、自分が何を食べているのかもわからなくなります。

また「嚙む」ことも疎《おろそ》かになり、消化によくありません。そのうえ、脳からの〝満腹信号〟が遅れるために、ついつい食べすぎてしまいます。結果、味覚の衰えや消化不良、肥満などの体調不良をまねく危険があります。

禅では「喫茶《きつさ》喫飯《きつぱん》」といって、「お茶を飲むときは、お茶と一つになり切って味わう。ご飯を食べるときは、ご飯と一つになり切って味わう」ことの大切さを説いています。

つまり「食事のときは食事に集中して、おいしさを味わいなさい」ということ。逆にスマホを操作するなら、それだけに集中しなさい、ということです。このように禅は基本的に〝ながら行動〟を戒《いまし》めています。

37

「歩く」なら朝がいい

――心と体にいいことずくめの「朝散歩」

◉駅までの道をちょっと遠回りするのもいい

朝の散歩は本当に気持ちのいいものです。空気はじつにさわやか。歩くほどに、胸がいい気で満たされますし、歩くことで頑丈な足腰をつくることもできます。骨にも刺激が加わり、骨が強化されるそうです。歩くなら朝がベストです。

歩くことはほかにも「脂肪をエネルギーとして燃焼しやすくなり、肥満が解消される」「代謝が上がり、血中脂質や血糖値、血圧の状態が改善する」「心肺機能が高まる」「快感ホルモンの分泌が促され、マイナスの感情が低下する」など、いいことずくめ。散歩というのは、心身を整える「養生」を絵に描いたような営みなのです。

ですから、朝、散歩のための時間が取れるなら、取ったほうがいい。何も無理してエクササイズやジョギングをしなくてもいいのです。朝の風景に季節を感じながら、ぶらり歩くので十分です。

「朝の散歩の時間は取れない……」という人は、通勤の駅までの道を利用してもいいでしょう。ちょっと遠回りする、バスに乗る距離を短くする、自転車を徒歩に変えるなどして、散歩感覚で歩くことを楽しんでいただきたいと思います。

38

「いい一日になる！」と声に出す

――そう確信を持って家を出よう

◎「明るさ」で向かう先を照らす

今日一日がどんな日になるかは、誰もわかりません。もちろんスケジュールがありますから、日によってはワクワクしたり、気分が重くなったり、さまざまでしょう。家を出るときの気分というのは、その日待ち受けている仕事に左右される部分が大きいと思います。

だからこそ、「今日はいい一日になる！」と声を出し、そう確信し、明るさで向かう先を照らすように、元気な一歩を踏み出すことが大切なのです。

とくに負の予測をするのはやめて、とにかく気分を明るくしましょう。そうすれば、やるべきことがなんであれ、尻込みすることなく、元気に向かっていくことができます。たとえ結果が出なくても、「精いっぱいのことをやった」という爽快感が残るはず。少なくとも「なんとなくおよび腰になって、持てる力の半分も発揮できなかった」というふうなことにはなりません。

よく「イヤな予感ほど当たる」といわれるように、「うまくいかないかも」とビクビクして取り組んでうまくいった試しはないのです。ここは強気でいきましょう。

3章

「昼」を整える

——仕事も人生もはかどる22の習慣

39

主体的に仕事する

——必要なのは、ちょっとした〝意識改革〟

◉気が重い仕事も、難しい仕事も、退屈な仕事も

毎日八時間としても、労働時間は一日の三分の一を占めます。それ以上の、一日の半分近い時間、働く人も少なくないでしょう。

そんなに長い時間を、「やりたくないなあ」「辛いなあ」「つまらないなあ」と思って過ごすなど、健康の観点からもよくありません。イヤイヤ仕事をやっても、気持ちが鬱屈し、疲労感が増すだけ。自ら体調を乱すようなものです。

ですから「仕事は主体的に、楽しんでやる」、それが鉄則。たとえ気の重くなるような仕事であっても、難しい仕事であっても、「取り組みがいがある」と挑戦欲を燃やす。簡単すぎてつまらない仕事なら「何か自分にしかできない工夫で面白くしよう」と考える。苦手な人との商談があるなら「契約より笑顔の獲得を目指そう」と方向転換してみる。このように、ちょっと工夫をする、意識を変えることで、「やりたくない仕事」を「やりたい仕事」に変えることが可能です。

キーワードは「私の人生の主人公は私である」。仕事はやらされるものではなく、自分から「やりたい」と思って楽しむものであると、肝に銘じましょう。

40

大事な仕事は「朝」やる

——勉強も朝がベスト

◎できる人は、朝からフルスロットル

「仕事の能率は、午前中にもっとも高まる」とはよくいわれることです。

前の晩の過ごし方さえ間違えなければ、睡眠で前日の疲れが解消され、午前中は心身とも元気いっぱいでしょう。

ですから「大事な仕事は午前中にやったほうがいい」のです。「一日は長い。まだまだ時間がある」などと、のんびりしている場合ではありません。

とりわけ朝に振り分けるといいのは、頭を使う仕事です。たとえば企画書をつくるとか、大事な判断・決断を要するといった仕事がそう。頭が冴え渡っていないと、「的確に考える」ことはできません。

また大事な会議やミーティングなども、午前中に行なうのがベストです。自分を含めて参加者の〝頭がよく回る時間帯〟なので、議論や意見交換が活発化するし、すばらしいアイデアが出ることが期待できます。このほか、午前中は勉強にもってこい。勉強会やセミナーなどに参加し、知識・スキルを磨くのもいい。「午後はもう働かなくてもいい」くらいの気持ちで、午前中にどんどん仕事を進めましょう。

41

面倒な仕事も「朝」やる

――後回しにすると、もっと面倒になる

◎大事なのは「踏ん切り」をつけること

「簡単な仕事を終わらせてから、面倒な仕事に取り組もう」

と考える人は少なくないでしょう。

なぜなのか。理由はおもに二つ。一つは「面倒な仕事は時間がかかる」という思い込みがあること。もう一つは、単純に「やる気が起きない」ことです。

ただ、よく考えてみてください。後回しにすれば、その問題は解決しますか？　いつやっても時間がかかるだろうし、いつになってもやる気は起きないのでは？

ここはグズグズせずに、「朝一番に片づける！」と踏ん切りをつけることです。元気が〝目減り〟しないうちに、「さあ、やろう！」と自分にかけ声をかけて動くのみ。午後に後回しにするよりも、かかる時間を短縮できるでしょう。

それに後回しにすると、「早くやらなくちゃ……」という気持ちをずっと引きずることになります。心にモヤモヤを抱えたまま仕事をする、そのストレスで心身の調子を崩すかもしれません。どのみちやらなければならない仕事なのですから、朝一番で片づけるに越したことはないのです。

42

集中、集中、集中――

――だらだら仕事はかえって疲れる

◎集中力を発揮しやすいのは、やはり午前中

「よく仕事が進んだなあ」と思うときは、決まって「集中力」が発揮されているのではないでしょうか。

周囲の雑音も耳に入らず、雑念が頭を去来することもなく、目の前の仕事に没頭して取り組めるのは、まさに「集中力」のおかげです。

そして、その「集中力」が出やすいのが、午前中という時間帯なのです。

近年は政府が率先して「残業を減らしましょう、なくしましょう」と提唱しています。その背景には、ビジネスパーソンの多くが残業、残業で、心身ともに疲れ切って、健康を損ねているという現状があります。

そうならないための方策の一つは、「朝の集中力」をフル活用することにある。私はそう思っています。集中力が出にくいときは〝だらだら仕事〟になって、時間がかかるうえに、疲労感が助長されます。結果的に残業時間が増えてしまうことにもつながります。「朝の集中力が残業疲れを軽減する」と肝に銘じ、午前中の仕事に集中、集中、集中――です。

43

ランチの「早食い」禁止

——いくら忙しくても健康第一

◉「早食いのドカ食い」を防ぐには？

私は麺類が大好きです。そば、うどん、ラーメン、パスタ……種類を問わず、一日に一回は麺類を食べています。だいたいが昼食にです。麺類は胃への負担が軽く、短時間で食べられるうえに、食べすぎることがないからです。

朝食と同じで昼食も、本当はよく噛んで、ゆっくり味わうのが理想です。ただ「あまり時間が取れない」のが実情かと思います。

私自身、庫裏《くり》に戻って食事をしますが、正直に白状すると、けっこうな「早食い」です。食べている途中で何かと用事の入ることが多く、「呼ばれないうちに食べてしまおう」という意識が働くせいでしょう。

自らへの自戒も込めて、「忙しくても、早食いは慎みましょう」とご提言します。その「早食い」を防ぐには、量を軽めにする、という方法があります。量が多いと、どうしても「早食いのドカ食い」になり、体に毒。胃腸に負担をかけて体調を崩したり、肥満をまねいたりで、何もいいことはありません。軽めの昼食でも、よく噛めば満腹感が得られますし、ずっと健康的なのです。

44

一〇分、昼寝する

――驚くほど体も心もすっきりする習慣

◎できる人はなぜ「ひと眠り」するのか？

昼食をとったあと、ちょっと眠くなることがありませんか？

そんなときは眠気をガマンして起きていようとせずに、一〇～一五分ほど、昼寝をしましょう。

昔は「食べてすぐに寝ると、牛になるよ」などといわれたものですが、いまは逆に横になることが推奨されているようです。消化を助けてくれるとか。

私も友人の医師から、「事情が許すなら、昼寝は絶対にしたほうがいい」とすすめられたこともあって、〝昼食後の眠気〟は昼寝で解消するようにしています。幸いにして私は、「どこでも寝られる」質《たち》なので、一瞬にして熟睡状態に入れます。

やってみるとわかりますが、本当に気分も頭もすっきりします。一説によると、食後にコーヒーを飲んでから寝ると、およそ三〇分後にカフェインの覚醒作用が効きはじめ、さわやかな目覚めをもたらしてくれるとか。逆算して、コーヒーと昼寝を組み合わせるのも、「できる人」になるための一つの方法といえそうです。頭がぼんやりしたまま午後の業務に入るよりも、高いパフォーマンスが発揮できますよ。

45

午前は頭、午後は体を使う

——仕事には最適な時間帯がある

◎午後に回したい、三つのタスク

昼食後の眠気もそうですが、午後になると、なんとなくだらけてしまうことがよくあるのでは？　とくに午前中めいっぱい働くと、その疲れも加算されるので、なおさらだるくなるような気がします。

そういう時間帯にあてるといい仕事があります。一つ目は「体を動かす」作業です。外に出かけて、マーケット・リサーチをしたり、得意先回りをしたり、メールの返信を〝まとめ打ち〟したり、モノを運んだり。デスクワークが中心の人も、何かしら「体を動かす」仕事を見つけて、取り組むといいでしょう。

二つ目は、「あまり頭を使わない」単純作業です。たとえばデータを整理する、会議に必要な書類を整理する、経費の精算をする、資料を集める、など。ただし単調すぎると、それはそれで眠くなるので、うまくスケジューリングしてください。

そして三つ目は、数人でやる共同作業です。周囲の目がありますから、居眠りするわけにはいきません。その適度な緊張感が刺激になって、心身がシャキッとする効果も期待できそうです。

46

デスクを整然とさせる

——一段落ついたらすぐ片づけ

〝探し物疲れ〟を防ぐ整理整頓法

整理整頓の苦手な方は、相当数おられるようです。デスクの上に書類が山と積まれ、そこから必要なものを探し出すのが大変！　しょっちゅう「あれ、どこにあったっけ」と、書類の山をさらにぐちゃぐちゃに崩している人さえいます。

そんなふうに〝探し物〟に時間と手間を取られていると、仕事のスピードは下がる一方です。当然、いたずらに労働を長時間化させます。もっといえば、〝探し物疲れ〟から体調を崩す危険性だってあるのです。

参考までに、私の「整理整頓法」を二つほど紹介しましょう。一つはきわめてシンプル。仕事が一段落するたびに、デスクの上に溜まった書類をすぐに整理する、それだけです。不要な書類を処分したり、取っておくものはファイルに分類したり。とにかく山と溜め込む前に、机上をすっきりさせるのです。頭も整理されて、次の仕事、もしくは次の段階に進むことができます。

もう一つは、物に〝番地〟をつけること。使い終わったら、あらかじめ決めた番地にしまう習慣をつければいい。〝探し物疲れ〟はかなり軽減されます。

47

パソコンはすっきり使う

――デスクトップ、片づいていますか?

◎ファイルの〝行方不明〟はこうして起こる

「整理整頓」が必要なのは、デスクのまわりだけではありません。パソコンも同じです。よく見かけませんか？　デスクトップにファイルのアイコンをたくさん置いているのを。ひどい場合、隙間がないくらいアイコンで埋まっていて、必要なファイルがなかなか探し出せないようです。

「検索を使えば、一発で見つかるから、散らかしても大丈夫」だと思いますか？　それは甘い考えといわざるをえません。キーワードがうまくはまらず〝行方不明〟になることもなきにしもあらず、でしょう。

結局は、デスクまわりの整理整頓の悪い人と同じように、〝探し物疲れ〟で心身が乱れることになりかねません。

ここは、仕事の種類やテーマに応じて、大テーマから中テーマ、小テーマと、フォルダをつくることをおすすめします。ファイルを使い終えたら、そのつど、当該フォルダに分類していくのです。デスクトップにあるのは大テーマのアイコンだけ、というふうにしておくと、ずいぶんすっきりするかと思います。

48

「座りすぎ」は万病のもと

――〝集中モード〟に入っているときほど要注意

◎時折、体のコリやゆがみをリセット

デスクワークが中心の人は、姿勢に気をつけなければいけません。とくに〝集中モード〟に入ると、前のめりになってパソコンの画面を見つめたまま、時間が経つのも忘れてしまいがち。無意識で長時間、同じ姿勢を取っていることが多々あります。

近年は「座りすぎは万病のもと」ともいわれるほど。筋肉の代謝や血行が悪くなり、健康におよぼす影響は大きいとされています。

ですから可能な限り、「座り時間」を減らしましょう。あるいは三、四〇分に一度、数分でいいので、歩いたり、立ち仕事をしたりすることをおすすめします。

また「足を組むのが一番いけない」ともいわれます。足を組むと体が傾くので、背骨がそれを補正しようとがんばり、湾曲《わんきょく》してしまうそうです。せめて左右交互に組むなど、とにかく体の動きが一方向に偏らないよう、注意が必要です。

余談ですが、ゴルフ好きの知り合いは素振りをやりすぎて、骨盤と背骨がずれて苦しんでいました。医師から「逆方向にも振りなさい」と助言されたそうですが、「うまくできないんだ」と嘆いていました。反面教師にしてください。

49

「いつもの姿勢」を整える

――骨盤を立て、背筋を伸ばし、胸を開く

◎「前屈み」になっていませんか?

パソコンに覆いかぶさるように、前屈みで仕事をしていませんか? それだけ「仕事にのめり込んでいる」といえばそうでしょうけれど、姿勢の悪さは感心しません。

姿勢が悪いと、さまざまな健康トラブルをまねきます。背骨がゆがむことで、首や肩がこったり、腰痛に悩まされたりします。また胸が狭まるため、呼吸が浅くなります。結果、酸素が十分に補給されず、疲れやすくなります。眠くもなります。

もっといえば、気持ちの落ち込みを誘発する危険もあります。心配事や悩みがあるとき、人は無意識のうちに下を向いて背中を丸めるものですが、その逆――姿勢が悪いから気持ちが落ち込むことも、またありうるのです。

そうならないよう、デスクワークをはじめるときは意識して骨盤を立て、下腹を前に出すようにして座りましょう。自然と背筋が伸び、胸が開き、呼吸が深くなります。ときどき前屈みになっていないかをチェックして、リセットしましょう。

あとは私流ですが、肩甲骨をぐーっと後ろに寄せて、肩を大きく回す、そんな体操がいいように思います。血行がよくなり、疲れが取れます。

50

「一息半歩」でゆく

――「一時間働いたら五分休憩」のすすめ

◎坐禅修行が「四〇分で一単位」のわけ

禅僧の坐禅修行では約四〇分が一単位です。「一炷《いっちゅう》」と呼びます。いかに修行僧といえども、それだけの時間、足を組んでいますと、痺《しび》れますし、血行も悪くなります。

そこで休憩ではないのですが、次の「一炷」をはじめるまでの五分くらいの間、「経行《きんひん》」という歩行禅を行ないます。曹洞宗《そうとうしゅう》では「一息半歩《いっそくはんぽ》」――「息を吐いて半歩、吸って半歩」の非常にゆっくりしたペースで歩くことに集中する行です。

感覚的には、意識の緊張感を保ったまま、同じ姿勢を続けて固まってしまった体や足の緊張をほぐしてあげる感じでしょうか。いい具合に疲れが取れます。

ビジネスパーソンのみなさんも、禅のこの考え方を取り入れてはいかがでしょうか。長時間労働ほど疲れるものはありませんから、一時間ほど仕事をしたら五分、休憩がてらちょっと体を動かすとよいかと思います。

もちろん可能なら、禅の「一息半歩」にトライしてみてください。心身がリフレッシュされ、次の一時間をがんばる元気がわいてくるはずです。

51

上手に「ひと休み」する

――キーワードは「急がば休め」

◎「踊り場効果」で仕事効率が上がる、疲労感も軽減できる

日本人はまじめすぎるといいますか、「休む」ことに対して罪悪感を覚える傾向が強いようです。それで休日や休み時間を返上して働く人のなんと多いことか。

しかしそれでは仕事効率が下がり、心身への負担が増す一方。「適宜休んだほうが、むしろ仕事効率が上がり、疲労感も軽減できる」のです。

これを私は「踊り場効果」と呼んでいます。一〇〇段、二〇〇段と続く長い階段は、ずっとのぼり続けているとイヤになります。のぼるスピードが落ちるのはもちろん、足が痛くなるし、息も上がります。それが、踊り場でひと休みすると、かなりラクになります。たちまち元気が回復し、苦痛も半減するのです。

ですから「急がば休め」。仕事効率を重視するなら、意識して「踊り場でひと休みする」時間を設けることが大切です。

何も休日を取らなくたっていい。仕事を少し早めに切り上げるとか、仕事の合間に数分から数十分、ぼーっと外の景色を眺めたり、目を閉じて音楽を聞いたりするだけでけっこう。十分な「踊り場効果」が得られると思います。

52

「目の疲れ」を癒す

――現代人はみな目が疲れている

◉デジタル時代の必須ケア

私が最初に老眼に気づいたのは、五〇代半ばのこと。パソコンに向かって仕事をしていたら、急に肩がこり、耐えられないくらいの痛さを感じたのがきっかけです。自分で叩いたり、揉んだりしても治らず、病院に行ったところ、「単なる老眼ですよ」との診断をいただきました。老眼に気づかず無理したのが悪かったようです。

私のように老眼になったり、メガネやコンタクトレンズの度が合わなくなったりすると、どうしても無理して見ようとするので、目が疲れやすくなるそうです。疲れ目が気になるときは、まず視力をチェックするといいでしょう。

また現代人は、パソコンやスマホなどを長時間見続けることが多く、目を酷使しがちです。そればかりか画面を凝視するために、まばたきの回数が減って目が乾き、それが目をより疲れやすくする部分もあるようです。目の疲れを軽視してはいけません。目の疲れから肩や腰の痛み、自律神経の乱れなど全身に影響をおよぼす危険性があります。目のためにも休憩が必要なのです。プラス、蒸しタオルで目を温めるとか、自分に合った目薬をさすなど、辛い症状をやわらげる工夫をするといいでしょう。

53

煮詰まったら空を見上げる

――シンプルだけど効果的なリフレッシュ法

◎「下」ばかり見ていませんか？

上階の窓から道行く人を観察していると、「人は意外と上を見ないものだ」と気づくと思います。

足元のほうを見ているか、目線をほぼまっすぐ先に向けているか、あるいは目がスマホの画面に釘づけになっているか。

そんな調子ですから、おそらく現代人の大半は「一日に一度も空を見上げることがない」のではないかと思います。

それはよろしくない。なぜなら心持ちがどんどん縮こまって、気が滅入るばかりだからです。とくに仕事で煮詰まったときや、思考停止状態に陥ったときなど、意識して空を見上げたほうがいい。たったそれだけのことで、うそのように心の霧が晴れます。やっかいな仕事にも、気持ちも新たに臨めます。

空を見上げるなど、簡単なことですから、だまされたと思ってやってみてください。晴れた日の青空ならなおさら効果大。太陽の力から元気をもらえるうえに、心が整い、晴れ晴れとするでしょう。

54

仕事を「詰め込まない」

——〝パンク〟してしまったらアウト

◎スケジュールがいつもガチガチの人は「怒りっぽい」

怒りっぽい人が一人でもいると、職場の空気がピリピリします。同時に、みんなが「イヤだなあ」と思う、マイナスの空気が充満します。

性格もあるでしょうけれど、怒りっぽい人というのはだいたいスケジュール管理が苦手です。自分の能力を過信しているのか、あるいは時間の見積もりが甘いのか、ガチガチのスケジュールを組んでしまう傾向があるようです。

当然、スケジュールは押しますから、時間の余裕も、心の余裕も失います。結果、パンクしてしまい、予定していた仕事の半分もこなせず、最悪の場合、それを部下や誰かのせいにして当たり散らすことにもなります。

こうした「怒り」の感情がやっかいなのは、心身に悪い影響をおよぼすことです。怒りを感じると、自律神経が乱れて、心拍数や血圧が上昇します。「頭に血がのぼる」という表現は、的を射ています。また自分事だけではすみません。怒りの標的にされた人が、精神的ストレスから体調を崩さないとも限らないのです。だから怒りっぽい人は、スケジュールの組み方にゆとりを持たせるよう見直してください。

55

仕事を「溜め込まない」

――追い詰められる前にやっつけること

◎「締め切り付きＴｏ Ｄｏ Ｌｉｓｔ」を活用する

やるべき仕事が目の前に山積している——そんな状態ほど、ビジネスパーソンを追い詰めるものはありません。早く片づけなければと焦り、イライラもつのります。それが心身の健康を蝕《むしば》むストレスになることはいうまでもありません。

ですから「仕事は溜めずにどんどん片づける」のが鉄則ですが、溜まってしまったらしょうがない。仕事に向かう意識を「あれもやらなきゃ、これもやらなきゃ」から、「あれもやった、これもやった」に変えましょう。

そのために有効なのが「締め切り付きＴｏ Ｄｏ Ｌｉｓｔ」のような予定表をつくることです。そうすれば優先順位が明確になり、効率的に仕事が進められます。たとえば締め切りの近い仕事を片づける一方で、ちょっとした空き時間に日々のルーティンをポンポン入れる。まとまった時間ができたら、先の締め切りの仕事を前倒しで進める、といった具合です。

その際、一つ仕事を片づけるたびに線を引いて消すなどすると、〝よし、やっつけた〟感があって、より気持ちが盛り上がることでしょう。

56

怒らないこと

――まず深呼吸をして「間」を稼ぐ

◎「静まれ、静まれ、静まれ」と三回となえてみる

禅は「怒りを頭に上げずに、お腹に溜めておきなさい」と教えています。そうすることで「怒りを静め、気持ちを落ち着ける」ことができるのです。

具体的な方法としては、怒りの感情がわいてきたら、すぐにぶちまけずに、とにかく「間」を稼ぐこと。まず深呼吸をして、心の中で「ありがとさん、ありがとさん、ありがとさん」でもいいですし、「静まれ、静まれ、静まれ」や「落ち着け、落ち着け、落ち着け」などの言葉を三回となえるといいでしょう。不思議と、怒りがお腹の辺りで止まります。

それでも怒りが去らずにくすぶるようなら、人知れず、どこかに吐き出すのも一つの方法です。たとえばスマホのボイスメモにワーッと怒りをぶちまけるとか、日記やメモに書き殴るなどすると、かなり気分がすっきり整理されます。怒りを溜めて気分が悪くなることもなく、上手に〝怒りのガス抜き〟ができるのではないでしょうか。

ただし〝怒りのデータ〟は、できるだけ早く消去するようにしてください。どこかに漏れると、ケンカの火種をばらまいてしまうことになります。

57

「非思量」になる

——トラブルを「やり過ごす」禅の知恵

◎「健全な心」を取り戻す一番の方法

悩みや不安、心配事があると、何も手につきません。仕事がはかどらないばかりか、ひどいときは「食事ものどを通らない」状態になります。体の不調も同じ。どこか痛いところや具合の悪いところがあると、そこに意識が集中してしまいます。しかも心身の不調は、気にすればするほど、どんどんふくらむ性質があります。

そういうある種やっかいな状態になった場合は、頭の中を空っぽにして、心を「無」にするのみ。禅では「非思量《ひしりょう》」になる、といいます。難しいようですが、要は、目の前の問題をあるがままに受け容れ、やり過ごせばいいのです。

心を池、悩みを静かな水面に投げ入れる小石にたとえると、悩んでいるときは波紋が広がっている状態です。それをなんとかなくそうと手を入れると、また新たな波紋ができます。そのようにして悩みは広がっていくのです。

それでも何もしなければ、やがて静かな水面が戻ってきます。「非思量」になるとはそういうこと。心に悩みが生じ、乱れたときこそ、ことさらにジタバタしない。トラブルが去るのを静かに待つのが、健全な心を取り戻す一番の早道です。

58

「なんとかなるさ」と考える

――心のモヤモヤをサッと晴らす言葉

◎一休禅師が遺した究極の生きるヒント

いくら心配しても、悩んでも、なんとかならないものはなんとかならないものです。そこは割り切って、いたずらに落ち込む時間を長引かせないよう努めたほうがいい。心にモヤが広がっている状態が続くと、気持ちが萎えるばかりだからです。

とはいえ、たいていのことはなんとかなります。矛盾するようですが、違います。気の持ちようで、悩みをいい方向へも、悪い方向へも持っていける、ということです。悩んでいる暇に、なんとかなると信じて行動するのが最善なのです。

一休禅師《いっきゅうぜんじ》は八七歳で亡くなる直前、弟子たちに「この先、どうしても困ったことがあったら、この手紙を開けなさい」といって、一通の手紙を遺されました。その数年後、弟子たちが本当に困って、その手紙を開けてみるとこう書かれていました。

「心配するな、大丈夫、なんとかなる」――弟子たちは拍子抜けして、笑ってしまったことでしょう。それこそが一休禅師の究極の教え。難しい局面を前に、心配で心が乱れたら、「大丈夫」「なんとかなるさ」と笑い飛ばせばいいのです。心配無用、実際に、たいていのことはなんとかなります。

59

今日にケジメをつけて帰る

――「夕方の片づけ」を日課にする

◎「今日にとらわれない明日」を迎えるために

仕事中はどうしたってデスクの上が散らかります。仕事は多くの場合、パソコンの画面だけでは完結しないので、書類や本、ノート、筆記具などが散乱しているでしょう。それはいい。がんばって仕事をしたことの証でもありますから。問題は、デスクの上を片づけずに、帰宅の途についてしまうことです。

なぜなら明日の朝、まっさらな気持ちで「さあ、はじめるぞ！」と仕事に向き合うことができないからです。デスクの上が散らかっていると、それだけでやる気が削がれます。また今日の仕事に必要なものを見つけるのが大変です。「何からやればいいんだっけ」から、仕事をはじめなくてはならなくなります。

人によっては「片づけないほうが前日の続きの仕事に入りやすい」というかもしれませんが、そうでしょうか。昨日を引きずり、頭の整理がつかないと私は思います。一日の仕事を終えたら、デスクの上をきれいに片づける。それは今日にとらわれないケジメ。精神衛生上、大事なことです。明日の準備のために、朝から気持ちよく働くために、「夕方の片づけ」を日課とされることをおすすめします。

60

夕焼けを眺めにゆく

――晴れた日の日課にしましょう

◉いい精神状態で夜に向かうために

日中の仕事や活動がまだ残っていても、日の入りとともに一段落。夕焼け空を眺めるひとときを持つことをおすすめします。

日の入りの時刻は季節や地域によって異なりますが、会社勤めなら終業時刻を迎えるころとだいたい重なるのではないでしょうか。それを日中の活動をひと区切りさせるときととらえ、夕焼けがきれいに見えるポイントで、太陽がスーッと沈む様を眺めるのです。

いいこと、イヤなこと、やっかいなこと……いろいろあった一日の最後が美しい光に彩られ、心がじんわり。精神が整った状態で夜に向かうことができます。

日の出もすばらしいですが、日の入りの美しさはまた格別。私も日の入りを眺めるのが大好きです。太陽がだんだんと沈んでいくにつれて、輝きがオレンジ色に変化し、ストンと消えていく。そのあとに光の線が残り、薄暗い空に深い余韻を残します。私はこの光の線が一番美しいと感じます。日の入りを眺めながら心を安らげる、そんなひとときを持つことを、晴れた日の日課にしましょう。心の滋養になります。

4章

「夜」を整える

――深い休息と安らぎを得る14の習慣

61

さっさと帰宅する

——仕事はできるだけ〝早じまい〟に努める

◎できる人の「夜の整え方」

夜遅くまで仕事をしたり、遊び回ったりしていることを自慢する方がおられます。体力を誇りたいのか、「休まず活動するのが偉い」という価値観をお持ちなのか、ことさらに自身の〝夜活〟を喧伝《けんでん》するのをよく耳にします。

たとえば「ここ三日、ほぼ徹夜だよ」とか「今月は昼も夜も休みなしで働いてるよ」「連夜、飲み会でまいったよ」といった具合に。しかしそれは多くの場合、かなり誇張されています。

百歩譲って「夜がんばっている」のが本当だとしても、おそらく日中は使い物にならないくらい、疲れ切っているでしょう。

そんな「夜型人間」に同調することはありません。どのみち夜よりも日中のほうが元気に、効率的に働けるし、夜まで働いたところで体調を崩すだけ。たとえ「もう帰るの？　暇なんだねえ」などと皮肉をいわれても、受け流しましょう。

夕方からできるだけ仕事を〝早じまい〟して、一日の疲れを取り、早朝からがんばる。それが「できる人の整え方」。「朝型人間」こそ最善、最高なのです。

62

帰ったらまず「明日の準備」

——「明日の成功」は前夜に決まっている

◎「明日の朝やろう」の悪習慣を断ち切る

前章で「一日の仕事を終えたら、デスクの上をきれいに片づけましょう」と述べました。

自宅で一日を終えるときも同じ。部屋を片づけたほうが、朝起きたとき、気持ちがいいでしょう？　散らかっていたら、それだけで一日が台無しになるほどです。

加えて、明日の行動に必要なものをそろえておく必要があります。朝バタバタしないために、たとえば朝食やお弁当に使う食材をそろえておく、着ていく服を決めて準備しておく、忘れ物がないよう持ち物をそろえておく、スマホの充電をしておく、など。ものの一〇分もかかりません。

それに片づけるとなると「大変だなあ。面倒くさいなあ。明日の朝、ちょっと早起きして片づければいいか」という気持ちが先に立ちますが、「明日の準備をしよう」と思うと重い腰も上がりやすいのでは？

前にいったように、「いい一日は『朝』で決まる」のですが、その気持ちのいい朝をつくるのは前日の夜の片づけと準備なのです。

63

夜は静かに過ごす

――「活動」するのは九時前後まで

◉夜九時以降は「何も考えない」

日中を活動的に過ごすと、かなり疲れます。夜遅くまで遊ぶ体力は、とても残っていないはずです。仕事も遊びも、遅くとも夜九時前後には切り上げ、疲れをクールダウンさせる。「整える力」を高めるためには、それが夜にふさわしい過ごし方です。

私は夕方六時ごろに仕事を一段落させ、二時間ほど夕飯や入浴に費やします。その後一時間半くらいまた仕事をして、九時半にパソコンの電源を切ります。あとはお仏壇にお参りして眠りにつく。夕方から夜にかけては、だいたいそんなスケジュールです。日中の興奮がうまい具合に静まり、布団に入った瞬間、ストンと寝入ります。

みなさんには残業やら、夜のおつき合いやらがあって、夜も何かと忙しいと思いますが、極力「活動は九時前後まで」と決め、そして就寝までのせめて二時間くらいは、たとえばヒーリング系の音楽を聞いたり、詩集を読んだり、画集を眺めたり、アロマを焚いてまったりしたり、心を整える安らぎの時間を過ごしてください。

日中は頭を使うことが多く、脳の活動が前頭葉に集中するそうです。だから夜は何も考えず、前頭葉を休めてあげるのがいいとされています。

64

ゆっくり湯船につかる

——少々ぬるめのお湯に二〇分

◉入浴は、いいアイデアが生まれる効果も

お風呂は一日の疲れを取り、心身を整え、リラックスさせてくれる、最高の〝ゴールデンタイム〟です。それなのに近年は、若者を中心に、「シャワーですます」人が増えているようです。なんともったいない！

暑い夏はなかなか湯船につかる気になれないかもしれませんが、暑い夏だからこそ湯船につかったほうがいい。というのも夏は冷房やら、冷たい飲み物・食べ物やらで、意外と体が冷えているからです。私は季節に関係なく、少々ぬるめのお湯で、二〇分ほどゆっくり湯船につかります。体が芯から温まって、本当に気持ちがいい。

しかもお風呂には、「アイデアが浮かびやすい」というメリットがあります。昼間にああでもない、こうでもないと考えたけれど、いいアイデアが浮かばなかった、なんて日がありますね。そんなとき考えるのをやめてお風呂に入り、リラックスしていると、突如、アイデアが降ってくるようなことがよくあるのです。

お風呂のそんな効果も活用してはいかがでしょうか。シャワーにはないメリットだと思います。

65

家族との絆を深める

——顔を突き合わせるだけでわかることもある

◉大事なのは「みんなで食卓を囲む」こと

家族関係がぎくしゃくしていると、家族みんながそれをストレスに感じ、健康を害することがあるといいます。

その原因の一つは、家族がバラバラに食事をし、全員で食卓を囲まなくなったことにあるのではないでしょうか。一緒に食事をする機会が減れば、当然、家族のコミュニケーションは希薄になります。

今日一日どんなことがあったのか、何か悩みはないか、今後は何を望んでいるのかなど、互いのことが何もわからず、距離がどんどん離れてしまうのです。

そうなってはいけないという思いもあって、私の家では夕飯はできるだけ家族全員で食卓を囲むように心がけています。ほんの数十分でも、いろいろな話ができます。言葉にしないまでも、顔を突き合わせていれば、わかることもあります。

夕飯時が難しければ、朝食時でもいい。毎日が難しければ、週に一、二度でもいい。

家族で食卓を囲む時間をつくりましょう。

家族の絆《きずな》は食卓で紡《つむ》がれる。深まる。私はそう思っています。

66

「腹七分に医者いらず」

——「ほどほど」力で食生活を整える

◎食事の時間もできる限り一定に

禅的生活の要《かなめ》は「規則正しさ」にあります。

ですから食事は朝・昼・晩、決まった時間にいただくことを大切にします。私の場合はだいたい、朝食は六時半、昼食は一二時、夕食は六時半と決めています。規則正しい食生活は、健康の基本中の基本。体の一日のリズムを整える大事な要素なので、みなさんもできるだけ食事時間を一定にするといいでしょう。

また夕食で気をつけるべきは、食べすぎないことが第一です。

一日をがんばって終えた最後の食事。おいしいものをいっぱい食べたい！　その気持ちはわかります。しかし、「ほどほど」をわきまえる力がここで試されます。

昔からいわれます、「腹八分に医者いらず」と。私自身は年齢を重ねたいま、「腹七分」を心がけています。それ以上食べると、どうも具合が悪くなるので。

あとお酒は、ほどほどに飲む分にはいいでしょう。私はあまりいただかないほうですが、「ほどほど」なら、血行がよくなり、消化を助けてくれて、健康効果も得られるのではないかと思います。

67

夜は「何も決めない」

——もう全部〝朝送り〟しよう

◎闇に覆われる夜は……

夜は一人で落ち着いて考えるのに適した時間帯のようですが、それはまったくの見当違いです。

なぜなら闇に覆われる夜は、思考がネガティブに陥りやすいからです。とても〝ポジティブ思考〟〝未来思考〟にはなれないのです。

また大事な判断をするときも、夜はふさわしくありません。判断というのは、それが大事なものであればあるほど、心身のエネルギーがマイナスに傾いているときにしてはいけません。思考が悲観的になり、消極的な行動を促し、はかばかしい結果が得られない危険性があるからです。

夜は心身の疲れを癒す。それが自然の摂理にかなった過ごし方です。へたに考えごとをして眠れなくなるより、何も考えず、何も決めず、気になることがあっても〝朝送り〟して、よく眠り、心身のエネルギーを充塡することのほうが大切です。

そうして朝、すっきりと目覚め、日の光を浴びて活動を開始する――。そのときこそ〝判断の旬〟なのです。

68

明日を憂えない

――その不安や心配はすべて〝妄想〟

◎達磨大師が教えてくれる「安眠」のヒント

いかに寝つきのいい人も、翌日に心配なことや不安を覚えることがあると、とたんに眠れなくなるものです。そんなときはこう考えてください。「心に生じた心配や不安には実体がない」と。それを教えてくれるいいお話があります。

禅宗の始祖である達磨大師《だるまたいし》は、慧可《えか》という弟子から悩みを打ち明けられます。「私の心はいつも不安でいっぱいです。どうか取り除いてください」と。

すると達磨大師は「わかった。取り除いてあげよう」と請け負いました。が、「その前にまず、私の前にその不安とやらを出してみてくれないか」というのです。

これには慧可も困り果てました。不安を心から取り出すことはできないからです。

そして慧可はハッとしました。不安には実体がない――このことに気づいたのです。

達磨大師のこの教えが示唆するように、心配や不安のほとんどは自分の心が勝手につくり出したもの。実体はありません。〝妄想〟なのです。そうとわかれば、「起こっていないことで悩む必要はない」と、簡単に心から閉め出せるでしょう。

それで万事解決。不眠から体調を崩すリスクをぐんと減らすことができます。

69

九時以降はスマホを断つ

——物理的に遠ざけるのがポイント

◎スマホは手元にあるから見たくなる

スマホほど、夜の静かな時間を乱すものはありません。特段使う必要もないのに、手元にあると、ついいじりたくなるのでやっかいです。

加えて寝る直前までスマホの画面を見ていると、興奮状態が続き、眠りに入りにくくなります。

ここは思い切って、「夜九時以降はスマホを断つ」などと決めましょう。それもただ決めるのではなく、ある程度の強制力を持たせることがポイントです。

たとえばスマホ自体に、「画面を見ない時間帯を設定する」「通知機能をオフにする」など、物理的な制限を加える。あるいは自分のいる場所から遠く離れたところに、充電を兼ねたスマホの〝居場所〟をつくる。一階にいるなら二階の部屋とか、寝室にいるなら玄関とか、あるいは子ども部屋や親の寝室など、わざわざ取りにいくのが面倒になるところがいいでしょう。もちろん呼び出し音をオフにすることをお忘れなく。

とくに何か心身に不調があって、「スマホ時間」の長い人は、試しにまず「寝る前のスマホ」をやめましょう。睡眠も改善され、体調が格段によくなるはずです。

70

月を愛でる

――すると、心が洗われていく

◉明月と清風で心をリセット

夜もふけるころ、空を眺めてみてください。満ち欠けを繰り返す月の姿がくっきりと浮かび、そのときどきの美しさに感嘆《かんたん》することでしょう。

毎晩眺めていると、月の姿が隠れる雨の夜にも、幻影を見るかのような心地になると思います。

仏教で月は、私たちに本来備わっている美しい悟りの心を象徴するものとされています。だからこそ月を愛でると、自分の心が澄んでいくようなすがすがしさを覚えるのかもしれません。

「誰家無明月清風（たがいえにめいげつせいふうなからん）――どんな暮らしをしている家にも月は明るく宿り、清らかな風は吹き抜ける」という禅語があります。

明月と清風は仏性《ぶっしょう》を意味し、「どんな貧しい人の心にも仏性は宿っている」と説いているのです。心が洗われるようではありませんか。

毎晩、月を愛《め》で、心を自分本来の美しい心にリセットする。それも心の養生のために大事な営みではないかと思います。

71

星に感動する

――すると、ストレスが消えていく

◎とくに心がざわつく夜は――

夜空に輝くのは、月だけではありません。無数の星が瞬《またた》いています。田舎に行くと、まさに「星が降る」という形容がふさわしい、圧巻の風景が眺められます。

そうはいえども、ふだん星空を眺める人がどのくらいいるでしょうか。都市部ではとくに、ほとんどの人がネオンに気を取られて、星はあまり見ないように思います。非常にもったいない。月を愛でるついでに、意識して星空を見上げましょう。

なぜそんなことを提案するかというと、夜空に瞬く星々には「悠久《ゆうきゅう》のロマン」が感じられ、その時間軸の広がりとともに心がゆったりするからです。

星々の光が私たちの目に届くまでの時間を考えてみてください。たとえば一万光年離れたところにある星の光なら、一万年という途方もない歳月をかけて宇宙空間を飛び続け、ようやく地球に届くのです。

そう思うと、ちっぽけなことに思い悩む気持ちがなくなりませんか？　とくに心がざわつく夜は、星空を眺めましょう。その悠久のロマンに浸るうち、心にのしかかるストレスが軽減され、整っていくと思います。

72

「感謝」で一日を終える

――「感謝日記」を書いてみよう

◎一日の振り返りとともに「ありがとう」

私は夜、眠る前にお仏壇にお参りし、その日にあったことや、感じたこと、気づいたことなどを振り返ります。そして最後に、「今日も一日、無事に過ごせました。ありがとうございます」というひとことで締めくくります。

そうすると、心がとても落ち着きます。心がとても軽くなります。

また一日の振り返りとして、「感謝日記」をつけるのもいいかと思います。

スマホやパソコンなど、デジタル機器を使ってもいいのですが、できればアナログのノートやメモ帳に、いいこと・悪いことをひっくるめて、今日一日の出来事を記します。

こうすることで、さまざまな感情をアウトプットできるので、驚くほど気持ちがすっきり整います。

ただし最後の一行は、必ず「感謝の言葉」で締めくくることをお忘れなく。

そのひとことで心身に温もりが広がり、心穏やかに一日を終えられるでしょう。そうすれば、いい眠りに入れること請け合いです。

73

「夜坐」のすすめ

――「もう一人の自分」と対峙する大切な時間

◎「マインドフルな生き方」を手に入れる

夜、坐禅を行なうことを「夜坐《やざ》」といいます。

坐禅は心を落ち着けたいときならいつでも、時を選ばず行なっていただきたいことですが、なかでも「夜坐」は大切です。

坐禅を寝る前の習慣にすると、毎晩ぐっすり眠れて、心配が心配を呼ぶ〝負のスパイラル〟を断ち切り、マインドフルな状態をつくることができます。

また前項で触れた「一日の振り返り」と組み合わせるのもいいでしょう。

もともと坐禅は、現実を生きる自分と、本来の姿である〝もう一人の自分〟が語り合うことでもあります。

「坐」の字を見てください。「土」の上に「人」が二つ乗っているでしょう？　これはまさに〝二人の自分〟が対峙している様を意味するのです。

「夜坐」を通して〝もう一人の自分〟の存在を意識し、自身の行動を律してくれる味方にすれば、迷いも悩みも晴れて、すがすがしい気持ちで、すこやかに人生を歩んでいけるでしょう。

74

「入眠儀式」をつくる

――禅的生活の神髄はここにある

◎私の熟睡度はなんと九九・八％！

以前、オムロンという会社に頼まれて、睡眠調査を受けたことがあります。被験者は同社の営業課長、健康雑誌の編集長、私の三名。枕元に計測器を置いて一週間、睡眠の時間と深さを測ってもらいました。

結果、私の睡眠の深さがダントツで、熟睡度九九・八％と出ました。ほかの二人は時間的には十分なものの、非常に浅い睡眠だった様子。熟睡度は三〇％前後でした。とくに翌朝早い仕事のある日は緊張するのか、熟睡度は低かったようです。

実際、私は、床に入った瞬間にストンと寝入ります。なぜそんなに寝つきがいいのかと自分なりに考えてみて、あらためて「夜の過ごし方」がいいのだと思いました。日中はよく動き、夜は難しいことは何も考えずに静かにくつろぎ、短い時間であっても夜坐により頭を完全に休める。そうした一連の〝儀式〟のおかげで、心配事を引きずることなく深い睡眠が得られるのでしょう。

オムロンの方が「睡眠は時間よりも深さ」とおっしゃっていたので、みなさんも「短時間でも質の高い深い睡眠」が得られるよう、夜の儀式を工夫してみてください。

5章

「休日」を整える

――人生の充実度が倍増する14の習慣

75

休前日こそ早く寝る

——朝寝坊はプラス一時間まで

◉生活リズムはこうして乱れる

「明日は休みだ！」――金曜日の夜はことのほか心が浮き立ちます。朝寝坊できることの解放感から、夜遊び、夜ふかし、深酒をしたくなるでしょう。

しかし「整える力」の観点からは、とてもおすすめできません。規則正しく回すべき生活のリズムが崩れ、体調に悪影響をおよぼす可能性が大きいからです。

とはいえ休日の朝寝坊は気持ちのいい休息にもなりますから、ちょっと譲って、「いつもよりプラス一時間くらいなら、遅く起きてもよし」としましょう。それを過ぎると「惰眠」になります。

たくさん眠るのは健康にいいことのように思うかもしれませんが、じつは逆。睡眠の質を下げ、さまざまな体調不良を引き起こすとされています。十分に眠っているはずなのに、日中に強烈な眠気を覚える場合もあるようです。

いずれにせよ毎日の過ごし方としては、平日も休日も同じような時間帯で活動するのがベスト。〝特別感〟を得たいのであれば、たとえば「休前日は一時間夜ふかしして、翌朝は一時間寝坊する」程度の変更にとどめましょう。

76

引きこもらないこと

——〝家でごろごろ〟は不調のもと

◎ノープランだからだらけてしまう

仕事で疲れていることを口実に、「休日は家でごろ寝」を決め込む人のなんと多いことか。休みですから、何をしても自由ですが、「何もやることがないから、テレビでも見ながらごろごろと……」というような過ごし方はいけません。〝なまけグセ〟がついて、かえって心身の調子が悪くなるだけです。

一番いけないのは、「時間に使われている」、つまり自分から行動を起こさず、時間に流されることです。

仕事の日であれ、休みの日であれ、時間というのは自分が主体となって使い切ることが大切なのです。

考え方としては、「休日は、一週間がんばって働いた自分に、あるいは家族に、何かご褒美になることをしよう」。ノープランだからごろ寝になるのであって、プランさえあればアクティブに行動できます。たとえば好きなゴルフに行く、映画を見に行く、家族でキャンプに行くなど、ちょっとしたイベントを企画してみましょう。休み明け、身も心も軽くなって、新たな一週間をがんばれると思います。

77

忙しいからこそ休みを取る

――休日は自分でつくるもの

◎何か計画を立ててしまえばいい

「忙しくて、なかなか休みが取れない」という声をよく聞きます。言葉どおりだとすると、疲労もストレスも溜まる一方ですから、なんとかしなくてはいけません。

しかし、本当に休みが取れないのでしょうか。もしかしたら「評価が下がると思うと、怖くて有休を取る勇気も出ない」のでは？

そうだとしたら、自分から休みを取りにいっていないだけ。つくりにいっていないだけです。

まずそういう認識に立って、「自分から積極的に休日を取る。休日をつくる」というふうに意識をあらためましょう。

そうすると、〝忙しさの波〟がよく見えるようになります。そのうえで休める日を見きわめ、たとえば「このプロジェクトを三日前倒しで仕上げ、五日間の休暇を取って旅行に行こう」などと決めるのです。

ちょっと大変ですが、休みの計画が待っていると思えば、がんばれるというもの。スケジュールの前倒しは、「休みをつくるための健康法」になりうるのです。

78

思い立ったら即計画

――休日の充実度を高めるカギ

◉「やりたいのにやれなかった」未練を減らしてゆく

何かの情報を見て、「ここ、行ってみたいな」「これ、見たいな」「これ、やってみたいな」などと気持ちが動いたとします。そういうときは即、休日のプランにスケジューリングしてしまいましょう。

可能ならその場で劇場やイベントなどの予約をする、それが無理ならメモをして「すぐにやるべきリスト」に入れておく。そんな具合に、気持ちが動いたら即、それをやれる環境を整えておくと、やりたいことを逃さずにすみます。

よくありませんか、「あの映画、見たいと思っていたのに、いつの間にか終わっていた」とか、「あのイベント、絶対に参加しようと思っていたのに、チケットを買うのをすっかり忘れていた」といったことが。

「やりたいのにやれなかった」となると、心に未練が残ります。せっかく芽生えた好奇心も宙に浮いたままモヤモヤと残ります。「思い立ったが吉日」なのです。すぐに着手するよう心がけましょう。休日の充実度、幸福度がアップします。だらだら、ごろごろしていたら、せっかくの休日があっという間に終わってしまいますよ。

79

〝習慣的〟に運動する

——「続ける」ことを目標に計画を立てる

◉ゆるくはじめて、だんだん強度を上げるのがコツ

休日のスケジュールに一、二時間の運動を組み入れてはいかがでしょうか。

平日はラジオ体操をやる五分程度の時間しか取れなくとも、休日ならもっとまとまった時間が使えますよね。やったことのないスポーツに挑戦するのもいいですが、馴染みのある好きな運動をすることをおすすめしたい。抵抗感なくはじめられるし、自分の力を把握している分、ほどほどにがんばる、その塩梅《あんばい》がわかっているからです。

一番よくないのは、最初にがんばりすぎて、続かないこと。ゆるくはじめて、計画的にだんだん強度を上げていくのが続けるコツです。

ともあれ、週に一度、休日の運動というのは、日ごろの運動不足を解消して体力を増強するにも、気持ちをリフレッシュするにも、とてもいいものです。気分が乗ったときだけ運動するのではなく、休日の計画に組み入れて、習慣的に運動しましょう。

私も以前は空手をやっていました。二〇年ほど続いたでしょうか。やらなくなってしばらく経ちますが、この原稿を書きながら「またはじめようかなあ」と気持ちが動いています。

80

「感動の老化」に注意する

——それは、「体の老化」より先に来る

◎〝無趣味人間〟の返上を

仕事一辺倒のビジネスパーソンは不器用といいますか、「無趣味」を自認する人が少なくありません。休日になると、たちまちやることがなくて、戸惑うようです。

そういう人は「趣味」という言葉に対して、ちょっと身がまえているところがあるように見受けます。芸事とか、特別な能力を要するものなどをイメージするのかもしれませんが、趣味は、余暇を楽しむものなのですから、わずかでも「好き」「面白い」と心が動くものであれば、なんでも趣味の範疇《はんちゅう》だととらえていいのです。

とりあえず休日を使ってさまざまなことにチャレンジし、「これをやっていると、時間を忘れる」とか、「幸せな気分になる」といった、心に潤いをもたらすものを探してみてはいかがでしょうか。

そうしていくつか趣味にできそうなことを見つけておくと、時間が豊かになります。「感動の老化」は体の老化より早く来るといいます。感動の老化を防ぐためにも、時間を忘れて、我を忘れて、好きな趣味を楽しむ時間が持てれば、命は輝きを増します。体調にいい影響を与えることはいうまでもありません。

81

趣味に没頭してみる

——へたに休むより効果的なリフレッシュ法

◉好きなことをすれば、不思議なくらい疲れない

好きなことをしていると、不思議と疲れません。だから、好きなことを仕事にしている人はいくら働いても疲労感に押しつぶされることがないのだと思います。

私自身、住職のほかに庭園デザイナーとして活動していますが、この仕事は本職の延長線上にある〝趣味〟のようなものともいえます。

また「禅の庭」を手がけるなかで、その仕事がホテルの庭園や海外の大使館の庭などに広がっていきました。さらに、「禅の庭」から派生して、そこに置く照明器具や家具などのインテリアまでデザインするようになりました。広い視点から庭を含めた空間全体をデザインするようになったのです。これが非常に楽しくてしかたがない。疲れを感じることはほぼないといっても過言ではありません。

そんな私ですから、好きな趣味を見つけたら、それに没頭してみることをおすすめします。疲れないどころか、平日の仕事の疲れを、好きな趣味に取り組んで得られる心地よさで相殺《そうさい》できるくらいです。へたに休むより、ずっと元気になります。趣味で健康増進ができる、といってもいいでしょう。

82

「探求心」に火をつける

——よりアグレッシブに生きるヒント

◎好きなことを「広げる」「深める」方法

好きではじめた趣味でも、楽しむうちに、その世界を探求したい気持ちが動き出すことがよくあります。前項でお話しした私の庭園デザインもその例に漏れません。

趣味の世界を広げる、もしくは深める際のキーワードは「探求心」です。方向性はおもに二つ。一つは、好きなことの枝葉を広げていくことです。たとえばジグソーパズルが趣味だとして、風景やお城、名画、人物など、いろいろな絵柄に挑むなかで、その背景や歴史などに興味を持ちはじめたらどうでしょうか。次から次へと知りたいことが出てきて、教養を広げる勉強につながっていきます。

もう一つの方向性は、趣味の世界を深掘りすることです。私の知り合いは現役時代から地元の歴史を調べるのが好き。休日には近隣をあちこち歩き回ったり、図書館で調べ物をしたりしていました。そしてリタイアしたいまは、地元の郷土史のスペシャリストとして、ボランティアガイドを務めています。とても生き生きとしています。

いずれのケースもまさに「趣味は身を助ける」。枯れることなくますます盛んな探求心は、アグレッシブな生き方を支えてくれるもののように思います。

83

裸足で一日過ごしてみる

——出かけるときは草履や下駄で

◎足にはたくさんのいいツボがある

修行僧は一年三六五日、裸足で生活をします。はじめのうちは慣れなくて、とくに冬は大変な思いをします。

しかし、人間は〝慣れる動物〟なのでしょう、〝裸足の生活〟がだんだん爽快に感じられるようになります。自然と体が鍛えられるおかげか、禅僧たちはほとんど風邪をひかないくらいです。

もう一つ、ぜひ試していただきたいのは、裸足に草履か下駄をはいて外出することです。これがまた非常に健康にいいのです。

漢方医学によれば、足の親指と人差し指の間には、内臓や脳に関係のあるツボが密集しているそうです。草履や下駄をはくと、鼻緒がそのツボを刺激してくれます。歩きながらマッサージをしているようなものです。

みなさんも裸足で、外出時は草履や下駄で休日を過ごしてみてはいかがでしょうか。日ごろ、靴下や革靴で窮屈な思いをさせられている足も喜ぶはず。水虫や外反母趾《がいはんぼし》、巻き爪など足指トラブルをさけられることも期待できそうです。

84

「自然の力」を借りにゆく

――スマホを置いて出かけよう

◎自然が「憂さ」を無毒化してくれる

現代人が抱える疲労感の多くは、日常的な情報過多によるものでしょう。とくに都心で働く人は、そこに通勤ラッシュや、人工的で無機質な環境などのもたらすストレスが加わり、疲労感はつのる一方です。

休日にはそういったストレスを緩和することも大切です。もっとも有効なのが、都会から〝逃げる〟こと。情報の少ない環境に避難する、つまり自然の中に身を置くのです。

たとえば近所の公園や遊歩道を散歩して〝緑のシャワー〟を浴びる、ちょっと足を伸ばして野山で遊ぶ、あるいは流行のソロ・キャンプに出かけるなど、行くところはたくさんあるでしょう。スマホの電波が届きにくいところなら、なおさらけっこう。なんならスマホは置いていってしまう。一日や二日、スマホを使えなくても、さほど不便はないかと思います。

自然にはおそらく、私たち人間が日常的に溜め込んでいる憂《う》さを吸収し、無毒化してくれる作用があるのでしょう。大いに薬とするべきです。

85

「週末農業」のすすめ

――野菜や花を育てませんか？

◎「土いじり」のすごい抗ストレス効果

市民農園などを借りて、〝週末農業〟を楽しむ方がおられます。また自宅の庭やベランダで、木や花を育てる方も多いでしょう。いずれも非常にいい休日の過ごし方だと思います。

自ら土を耕し、野菜・植物を育てることは、心に大きな喜びをもたらします。それだけで十分すぎるくらいの休日効果が得られます。

加えて近年の研究で、「土壌には抗ストレスの妙薬があるらしい」ことがわかってきました。米コロラド大学の研究によると、土壌に生息するマイコバクテリウム・ヴァッカエという腐生性細菌には、抗炎症、抗ストレス、免疫調節などの性質があるそうです。

研究チームはこの細菌をベースにした「ストレスワクチン」の開発に取り組んでいると聞きました。

学術的なことはわかりませんが、「土いじり」にはたしかにすばらしい健康効果がありそうです。休日の過ごし方のラインアップに加える価値、大です。

86

「小さな庭」をつくってみる

――禅が理想とする「樹下石上」の境地

◉ぼんやりと庭を眺めるひとときを持ちたい

禅僧は「樹下《じゅげ》石上《せきじょう》」という環境を理想としています。「石の上に一人で座り、樹木の下で静かに坐禅を組む」、そんな環境です。

もっとも禅僧といえども、いつもそのような自然の中に身を置くのは難しい。そこで寺の中に庭を設《しつら》えることにしました。それが「禅の庭」です。

はるか彼方《かなた》の山を思い浮かべ、その山間を流れる川の水音に思いを馳《は》せる。そして万里の風景を小さく小さく縮め、庭をつくり出す。雄大な自然をわずかなスペースに表現するその「禅の庭」は、僧侶たちの知恵が結集した芸術ともいえます。

みなさんも自宅の庭の一角に、あるいはベランダに、そんな庭を設えてみてはいかがでしょうか。一メートル四方のスペースがあれば十分。そこに自分の心の風景を表現してみてください。

そして休日は、その庭をぼんやり眺めるひとときを持つといい。悩み多き日常から心をエスケープさせることができるはず。心を整える、お気に入りの空間になるでしょう。

87

雨の日は「読書三昧」

――休日は「晴耕雨読」がいい

◎読書で、家にいながら心はどこへでも飛んでいける

外に出るつもりが、あいにくの雨……。そんな日は、スケジュールを変えられないときは別にして、無理して出かける必要はありません。

「晴耕雨読《せいこううどく》」という言葉があるように、雨の日は家で読書三昧《ざんまい》、そんな過ごし方もなかなかいいものです。

それに本を読めば、体は家の中にあっても、心を自由に外に飛ばすことができます。想像力をふくらませながら、作品の舞台になっているところに行ったり、設定されている時代にワープしたり、登場人物や作者と交流をしたり。作品世界をさまざまに楽しめます。

私は歴史小説が好きで、よく読みます。さまざまな時代に身を置き、自分があたかも登場人物の一人になったかのように、そこで起きる出来事や人々との交流を疑似体験できる、それがとても面白いのです。本を読んで、次の旅先を決める人もおられるようです。

さまざまに心を刺激してくれる読書は〝休日の雨の恵み〟といえそうです。

88

お寺に遊びにゆく

――坐禅や写経に親しみましょう

◉ぜひ、お寺をもっと身近なものに

近所でも旅先でも、お寺にお参りすると、とても気持ちが落ち着きませんか？ それだけでも休日の癒し効果は十分に得られるでしょう。

お参りだけではなく、お寺が催す坐禅会や写経会に参加するのもいいでしょう。どうかお気軽に、遊びにいくつもりでお出かけください。

坐禅についてはここまで随所で述べてきたとおり。写経は一般的に二七六文字の「般若心経」を書き写す作業です。集中して、ていねいに書き写すと、一時間くらいかかるでしょうか。

その間、余計なことは考えないので、坐禅と同じような効果が得られます。悩みやストレスからも解放され、心が整うのです。

また写経は、禅僧の指導がなくてもＯＫ。自宅で市販の写経セットを利用するなり、「般若心経」の台紙に半紙を重ねてなぞるなり、お好みのスタイルでトライしてみてください。墨をするところからはじめていただくと、なおけっこう。より心落ち着くひとときとなるでしょう。

6章

「1年」を整える

――人生に幸運を呼び込む10の習慣

89

家族行事を大事にする

――心の安定の基盤は「家族」にある

◎「面倒、だから大事」なこと

大家族が一つ屋根の下に暮らすことは少なくなりました。家族が散り散りバラバラ、遠く離れた場所に住み、行き来が面倒な場合、大変な場合もあるでしょう。

それでも年に数回、家族が顔を合わせる機会を持つことは大切です。どこで暮らしていようとも、家族は心に平穏をもたらす生活の基盤だからです。

家族が親しくいい関係を築いていないと、常に心のどこかにわだかまりを抱えて暮らすことになります。それは心の乱れの原因となります。

幸い日本には数カ月に一度、家族が集まる行事があります。お正月・冬休み、春秋のお彼岸、お盆・夏休み、年忌に営む法事、親の長寿祝い、子・孫の進学祝いなど、たくさんそろっています。

そのすべてとはいいません。二、三の行事を「家族が顔を合わせる絶好のチャンス」ととらえていただきたいのです。

親の実家に集まるもよし、一族で旅行を楽しむもよし、面倒に思わず、あなたが率先して企画しましょう。

90

「喜捨」を実践する

――心の曇りを振り払うヒント

◎お賽銭と一緒に、ポーンと執着心も捨てる

お正月は寺や神社に初詣に行く人が多いでしょう。一年のはじまりにまっさらな心で旧年の無事に感謝し、新年の無事や平安をお祈りする。大切な行事です。

ここで質問です。あなたはどんなふうにお金をお賽銭箱に入れていますか？　もし「できるだけお賽銭箱の近くから、ていねいに、そっと入れています」と答えたなら、「喜捨《きしゃ》の精神」がわかっていないといわざるをえません。

「喜捨」とは文字どおり、「喜んで捨てる」こと。威勢よくポーンと放り投げるのがいい。お行儀が悪いなんてことはなく、むしろそれが礼儀なのです。

お賽銭を投げることは、じつは心に抱えている執着やこだわりを捨て、心を整えることを意味します。心の曇りを振り払って、すがすがしい気持ちで生きていく決意の表れでもあるのです。ですから潔く、喜んでお金を放り投げましょう。

お釈迦さまは信者から物品のお布施があったとき、困っている人や必要としている人に譲られたそうです。自分が捨てた物で救われる人がいる、そう思えばちっとももったいなくないでしょう？　むしろ、捨てる喜びが倍増するというものです。

91

〝行事食〟を学ぶ

——季節ごとの食生活の整え方

◎一年をすこやかに乗り切るための食事

〝食の歳時記〟といいますか、日本には季節の行事と食べ物がセットになった風習がいろいろあります。年のはじめからざっと並べてみると――。

・一月七日の七草粥――お正月の暴飲暴食で疲れた胃腸をいたわり、冬に不足しがちなビタミンも補えるもの。一年を無病息災で過ごせるとされています。

・春彼岸のぼた餅、秋彼岸のおはぎ――魔よけの力があるとされる小豆《あずき》を食べると、邪気を払い、身を守ってくれると考えられています。

・夏至のたこ――関西では田植えの時期、疲労回復効果が期待できるたこを食べるそうです。また水分豊富で体を冷やしてくれる冬瓜《とうがん》を食べる地方もあります。

・土用のうなぎ――夏バテ防止効果が期待されます。もともとは江戸時代、平賀《ひらが》源内《げんない》がうな重の宣伝のために考え出したと伝えられています。

・冬至のかぼちゃ――栄養価が高く、風邪を予防すると考えられています。

などなど。こういった〝行事食〟は、季節ごとの食生活を整え、心身をすこやかにする知恵。ぜひ学びましょう。

92

「旬のもの」をいただく

――それは、心の栄養にもなる

◎自然の恵みとの「ご縁」を大切にする

いまは栽培や保存の技術が上がったおかげで、「一年中、食べられる」ものが増えました。ありがたいことですが、やはり旬の味わいには格別のものがあります。同じ食べ物でも、旬にいただいたほうが「自然から直接、恵みをいただいている」と、よりありがたく感じられますよね。

もっといえば、旬のものは、「私たちは単独で存在しているのではない。ありとあらゆるものとの関係性のなかで生きている」という仏教の「諸法無我《しょほうむが》」の教えそのものなのです。「自然がこの季節、この地に恵んでくださった命を、いま、私がいただいている」というご縁に喜びを感じます。

また当然ながら、旬のものは「食べ物を通して、季節を感じる」ことができます。心を豊かにしてくれるのです。

つまり旬のものは、「心の栄養」になる、ということです。全部でなくてもいい、「旬のものを半分、取り入れる」くらいの感覚で、食事を楽しまれるといいでしょう。体、心、生活が幸福で満たされます。

93

季節の彩りを生活に添える

――夏は涼しげに、冬は温かみを

◎「一年中同じ」では味気ない

普段使いの食器と、お客さま用の食器……というふうに分けているご家庭もあると思いますが、季節によって食器を変える、というのはいかがでしょうか。旬の食材とともに、食卓に季節の彩りが加わり、これも〝心の栄養〟になりそうです。

たとえば夏は薄手の磁器やガラスの器で涼しげに、冬は厚手の陶器で温かみを演出する。形も夏は冷めやすいように浅目の皿、冬は温かさが逃げないように深い器を使う。そういったこまやかな工夫をするといいでしょう。

日本ではかなり昔から、季節に合った食器を使う慣習がありました。家の造りを極限までシンプルにして、装飾品や食器などを季節ごとに変える。そうして外の季節を家の中にまで取り込んでいたのです。

一年中同じ食器を使うのは、なんとなく味気ないですよね。なにも高価なものでなくてもいいのです。たとえば、箸置きや小皿の一つでもいい、何か季節に応じた特別な食器を普段使いする。そんな「心のぜいたく」も食べ物と一緒に味わいましょう。人生の彩りも豊かになっていきますよ。

94

「バイオリズム」を整える

——季節の行事は、心身を整える「滋養強壮剤」

◎お花見、夏祭り、お月見、紅葉狩り……を楽しむ

日本には季節を楽しむ行事が豊富にあります。

新年の訪れを祝うお正月を皮切りに、節分の豆まき、端午《たんご》の節句、早春の観梅《かんばい》、満開の桜を愛でるお花見、お釈迦さまの生誕をお祝いするお寺の花まつり（降誕会《ごうたんえ》）、七夕の祭り、花火、夏祭り・秋祭り、十五夜のお月見、山々の紅葉《もみじ》狩り……季節ごとのイベントが目白押しです。積極的に機会を見つけて、楽しむのがよろしかろうと思います。

季節の行事に参加するよさは、なにより「心が華やぐ」ことにあります。たとえば梅、桜、花菖蒲《しょうぶ》、つつじ、あじさい、藤、紅葉、菊、椿など、季節を彩る花々を観賞すると、その美しさにうっとりします。

またお祭りでお神輿《みこし》を担いで心地いい興奮に身をゆだねたり、親しい人たちが集まっての宴会を楽しんだり。疲弊している心も元気を取り戻すでしょう。

季節の行事はある種の自然の恵み。心身のバイオリズムにいい波をもたらす〝滋養強壮剤〟にもなりうるのではないでしょうか。

95

季節に負けない体をつくる

――夏の薄着も、冬の厚着も、しすぎはＮＧ

◎〝養生しすぎてまねく不養生〟とは？

季節によって、養生の方法は異なります。とくに〝不摂生のワナ〟に陥りがちなのは、暑い夏と寒い冬でしょう。つい「やりすぎ」てしまうのです。

たとえば暑い夏は、体を冷やしてあげる必要があります。しかしそうだからといって、冷たい飲み物をがぶ飲みしたり、スイカやキュウリ、トマト、素麵などの体を冷やす食べ物を過剰に食べたりすると、体の冷えが高じてお腹を壊します。

服装も同じ。近年は電車の中やオフィス、劇場など、どこも冷房が効いていますので、外が暑いからといって極端に薄着でいると、風邪をひきます。カーディガンなど、何かはおるものを用意し、体を冷やしすぎないよう注意が必要です。

また寒い冬は、体を温めてあげる必要があります。しかしやはり、温めすぎは禁物です。熱いものを食べたり、衣服を重ね着したり、部屋を暖めたりするのはいいですけれども、それで汗をかくほどだとやりすぎです。汗がひいたときに逆に体を冷やし、風邪をひくこともあります。とくに夏と冬は、〝養生しすぎて不養生をまねく〟ということのないよう注意しましょう。

96

「中掃除」のすすめ

——季節の変わり目に、ちょっと念入りに

◉家の中の「快適度」をグッと上げる法

どこのご家庭でも、年末に大掃除をされるかと思います。お寺も同じ。京都の東・西本願寺の「おすすはらい」がニュースになるように、ふだんあまり行き届かないところまで、隅々をきれいに掃除します。

ただ年に一回というのは、いかにも少なすぎるような気がします。できれば季節の変わり目ごとに、ふだんよりちょっと念入りな「中掃除」をすることをおすすめします。次の季節を新たな気持ちで迎えることができますし、汚れを溜めない分、年末の大掃除がラクになるかと思います。

あと「中掃除」とあわせて、春と秋には衣替えをするといいでしょう。寺でも六月と一〇月に衣替えをします。僧侶の衣には、薄手と厚手の羽二重《はぶたえ》、絽《ろ》、紗《しや》などがあります。衣替えのときは洗って陰干しをし、傷んでいるところは修繕をします。そしてたたんで風呂敷に包み、防虫香を入れて畳紙に包んでしまいます。これも「中掃除」です。身のまわりがすっきりすると、家の中で過ごす時間の快適度が増すと同時に、心も整理され、新たな元気もわいてくるでしょう。

97

「いつもの風景」を見直す

——変わらないものは何ひとつない

◉幸せな人の「ちょっとした変化」を感じ取る力

散歩や通勤などで「毎日通る道」があるでしょう。その途上、目にする風景はほとんど同じだと思っていませんか?

いえいえ、一日とて、もっといえば一分一秒たりとて同じ風景はありません。「森羅万象、この世で起こることは一切が、片時もとどまっていない。諸行無常である」と仏教が教えるとおり、自然は季節の変化とともに、微妙に移ろいでいます。道路や建物のような人工的なものだって、経年変化というものがあります。

もっともろくすっぽ風景も見ずに漫然としていては、ましてや四六時中スマホの画面を注視していては、こまかな変化に気づくことはできません。ここは「定点観測」をしてみませんか?

たとえばあるお宅の庭の植栽とか、公園の木々、ある店の窓に置かれた鉢植え、建設中の建物など、複数のポイントをとくに注意深く観察し、微妙な変化を感じ取るのです。それはすなわち、感受性が豊かになる、ということ。心は幸福感で満たされるでしょう。

98

お墓参りにゆく

――すると、心の〝喧噪〟が去っていく

◉自分が「いま、ここにいる」奇跡に感じ入る

　お盆や春秋のお彼岸、命日など、年に数回、お墓参りをされていますか？　遠くてなかなか行けないとか、さまざまな事情があってお墓参りのできない方もおられるでしょうけれど、可能な限り、せめて年に一度は出かけていただきたいものです。というのもお墓はご先祖さまとつながる場所だからです。

　その墓に眠る人だけではありません。そこから無数の〝ご先祖さまのネットワーク〟が広がっているのです。

「自分の代から一〇代遡《さかのぼ》れば一〇二四人の先祖がいる。二〇代遡れば一〇〇万人の先祖がいる。三〇代遡れば一〇億を超える先祖がいる」ともいわれます。そのご先祖さまたちの誰か一人でも欠けていたら、自分は存在しなかったのです。

　そう考えたとき、ご先祖さまへの感謝の気持ちがわいてきます。同時に、自分がいまここにいる奇跡に感じ入るでしょう。

　そう、お墓参りは命の尊さがあらためて身にしみる機会でもあるのです。ですから「お墓参りをすると、心の喧噪《けんそう》が去り、気持ちが整う」のだと思います。

本書は、本文庫のために書き下ろされたものです。

枡野俊明（ますの・しゅんみょう）
１９５３年、神奈川県生まれ。曹洞宗徳雄山建功寺住職、庭園デザイナー、多摩美術大学環境デザイン学科教授。玉川大学農学部卒業後、大本山總持寺で修行。禅の思想と日本の伝統文化に根ざした「禅の庭」の創作活動を行ない、国内外から高い評価を得る。芸術選奨文部大臣新人賞を庭園デザイナーとして初受賞。ドイツ連邦共和国功労勲章功労十字小綬章を受章。また、２００６年「ニューズウィーク」誌日本版にて「世界が尊敬する日本人１００人」にも選出される。近年は執筆や講演活動も積極的に行なう。
主な著書に、『仕事も人間関係もうまくいく放っておく力』『心配事の９割は起こらない』『小さな悟り』『上手な心の守り方』『リーダーの禅語』（以上、三笠書房《知的生きかた文庫》）などベストセラー・ロングセラーが多数ある。

知的生きかた文庫

仕事《しごと》も人生《じんせい》もうまくいく整《ととの》える力《ちから》

著者　枡野《ますの》俊明《しゅんみょう》
発行者　押鐘太陽
発行所　株式会社三笠書房
〒一〇二-〇〇七二　東京都千代田区飯田橋三-三-一
電話〇三-五二二六-五七三四〈営業部〉
〇三-五二二六-五七三一〈編集部〉
https://www.mikasashobo.co.jp
印刷　誠宏印刷
製本　若林製本工場

ISBN978-4-8379-8805-2 C0130

知的生きかた文庫

この一冊で「聖書」がわかる！
白取春彦

世界最大、2000年のベストセラー！〝そこ〟には何が書かれているのか？旧約、新約のあらすじから、ユダヤ教、キリスト教、イスラム教まで。最強の入門書！

仕事も人間関係もうまくいく放っておく力
枡野俊明

いちいち気にしない。反応しない。関わらない——。わずらわしいことを最小限に抑えて、人生をより楽しく、快適に、健やかに生きるための、99のヒント。

禅、シンプル生活のすすめ
枡野俊明

求めない、こだわらない、とらわれない——「世界が尊敬する日本人100人」に選出された著者が説く、ラク〜に生きる人生のコツ。開いたページに「答え」があります。

気にしない練習
名取芳彦

「気にしない人」になるには、ちょっとした練習が必要。仏教的な視点から、うつうつ、イライラ、クヨクヨを〝放念する〟心のトレーニング法を紹介します。

超訳 般若心経 〝すべて〟の悩みが小さく見えてくる
境野勝悟

般若心経には、〝あらゆる悩み〟を解消する知恵がつまっている。小さなことにとらわれず、毎日楽しく幸せに生きるためのヒントをわかりやすく〝超訳〟で解説。

C50451